（宋）蘇軾　撰

明成化本東坡七集

第二九册

國家圖書館出版社

第二九册目録

東坡續集十二卷（卷第十—十一）

重刊明成化本東坡七集

[illegible]

東坡續集卷第十

頌

英宗皇帝御書頌

嘉祐中太常博士周秉以文行選為諸王記室宗室之賢者多敬愛之時英宗皇帝龍潛藩邸嘗賜秉手書其家寶之臣過曲江見其孫表州司法參軍超出以示臣謹稽首再拜為之頌曰

雲漢之章融為慶雲結為甘露融而不晞結而不散以燾冒其子孫建中靖國元年月日臣蘇某記

東坡羹頌并引

東坡羹蓋東坡居士所煮菜羹也不用魚肉五味有自然之甘其法以菘若蔓菁若蘆菔若薺皆揉洗數過去辛苦汁先以生油少許塗釜縁及瓷盌下菜湯中入生米爲糝及少生薑以油盌覆之不得觸觸則生油氣至熟不除其上置甑炊飯如常法既不可遽覆須生菜氣出盡乃覆之羹每沸涌遇油輙不又爲盌所壓故終不得上不爾羹上薄飯則氣不得達而飯不熟矣飯熟羹亦爛可食若無菜用瓜茄皆切破不揉洗入罨熟赤豆與粳米半爲糝餘如煮菜法應純道人將適廬山求其法

以遺山中好事者以頌問之

甘若常從極處回醎酸未必是鹽梅問師此箇天真味根上来麽塵上来

油水頌

熙寧元年七月二十八日元叔設食嘉祐謁長老觀佛牙趙郡蘇某爲之頌曰

水在油中見火則起油水相搏水去油住湛然光明不知有火在火能寶内外淨故若不經火油水同定非真定故見火復起

猪肉頌

淨洗鐺少着水柴頭罨煙焰不起待他自熟莫催他火候足時他自美黃州好猪肉價賤如泥土貴者不肯喫貧者不解煮早晨起来打兩椀飽得自家君莫管

食豆粥頌

道人親煑豆粥大衆齊念般若老夫試挑一口已覺西家作馬

荅子由頌

子由問黃檗長老疾云五蘊皆非四大空身心河嶽盡圓融病根何處容他住日夜還將藥石攻

不知黄檗如何答老僧代云有病宜須着藥攻寒將火燭熱時風病根既是無容處藥石還同四大空六月二十日

禪戲頌

已熟之肉無復活理投在東坡無礙羹釜中有何不可問天下禪和子且道是肉是素喫得是喫不得是大奇大奇一盌羹勘破天下禪和子

荅孔子君頌

夢中投井入半而止出入不能本非住處我今何為自此作苦忽然夢覺身在牀上不知向来本元無井

不應復作出入住想道無深淺亦無遠近見物失空
空未嘗滅物去空現亦未嘗生應當正遠作如是觀

醉僧圖頌

人生得坐且穩坐刼刼地走覔什麽今年且㢤東禪
屎明年去拽西林磨

贊

李端叔傳神贊

龍眠居士畫李端叔東坡老人贊之曰
須髮之拳然眉宇之淵然披胷腹之揿然以爲可得
而見歟則漠乎其無言以爲不可得而見歟則已見

畫於龍眠矣嗚呼將爲既琢之王以拔其天乎其將爲不雨之雲以抱其全乎抑將游戲此世而特出於兩者之間也

三笑圖贊

彼三士者得意忘言盧胡一笑其樂也天嗟此小童麋鹿狙猿爾各何知亦復粲然萬生紛綸何鄙何妍各笑其笑未知孰賢

李西平畫贊

以吾觀西平王提孤軍自北方赴行在走懷光斬朱泚如反掌及其後帥鳳翔與隴右瞰河湟兵益振謀

既臧終不能取尋常墮賊計困平涼卒罷兵仆三將
誰之咎在廟堂斬馬劍誅延賞爲葅醢不足償覽遺
像涕泗滂

醉吟先生畫贊

黃金斗碧玉壺足踏東流水目送西飛鳧擁髩顧影
者眞子干之侍妾鬌鬌直睞非列仙之臞儒

夢作司馬相如求畫贊并序

夜夢嚴君平司馬相如楊子雲合席而坐子雲曰
長卿久欲求公作畫贊予辭以罪戾之餘久廢筆
硯子雲懇祈不獲已爲之既成子雲戲予曰三賦

果足以重趙乎予曰三賦足以重趙則予之太玄
果足以重趙乎予為之一笑而散
長卿有意慕藺之勇言還故鄉閭里是聳景星鳳凰
以見為寵煌煌三賦可使趙重
東莞資福寺再生栢贊
生石首肯奘松肘回是心苟眞金石為開堂去栢枯
其留復生此栢無我誰為柏榮方其枯時不枯者存
一枯一榮皆方便門人皆不聞瓦礫說法今聞此柏
熾然常說
題三國名臣贊

西漢之士多智謀薄於名義東京之士尚風節短於權略兼之者三國名臣也而孔明巍然三代王者之佐未易以世論

忠懿王贊見山集

文武忠懿堂堂如春中有樗里不以示人雷行八區震驚聽聞提十五州共為帝民送君者自崖而返以安樂其子孫九萬里則風斯在下矣眇大物而成仁

李伯時所畫沐猴馬贊

吾觀沐猴以馬為戲至使此馬竊銜詭轡沐猴宜馬真虛言爾

文與可枯木賛

怪木在廷枯柯北走窮猿投壁驚雀入牖居者蒲氏畫者文叟賛者蘇子觀者如流

救月圖賛

癡蟇纔肉睥睨天目偉哉黒龍見此蛇服蟇死月明龍反其族乗雲上天雨我百穀

題王靄畫如来出山相賛

頭鬅鬙耳卓朔適從何處来碧色眼有角明星未出萬家閑外道天魔猶奏樂錯不錯安得無上菩提成等正覺

畫佛賛

我願世尊足指按地三千大千淨琉璃色其中衆生靡不解脱如日出時眠者皆作如雷震時蟄者皆動並證無上永不退轉

東林第一代廣慧禪師真賛

忠臣不畏死故能立天下之大事勇士不顧生故能立天下之大名是人於道亦未也特以義重而身輕然猶所立如此而况於出三界了萬法不生不老不病不死應物而無情者乎堂堂總公僧中之龍呼吸為雲噫欠為風且置是事聊觀其一戲盖將拊掌談

笑不起于坐而使廬山之下化為梵釋龍天之宫

篆般若心經賛

草隷用世今千載少而習之手所安如舌於言無揀

擇終日應對惟所問忽然使作大小篆如正行走值

墻壁縱復學之能粗通操筆欲下仰尋索譬如鸚䳇

學人語所習則能否則默心存形聲與點畫何暇復

求字外意世人初不離世間而欲學出世間法舉足

動念皆塵垢而以俄頃作禪律禪律若可以作得所

不作處安得禪善哉李子小篆字其間無篆亦無隷

心忘其手手忘筆筆自落紙非我使正使忽忽不少

暇倏忽千百刼無難稽首般若多心經請觀何處非
般若

蘇軾之妻王氏名閏之字季章年四十六
元祐八年八月一日卒于京師臨終之夕
遺言捨所受用使其子邁追過為畫西方
阿彌陁佛紹聖元年六月九日像成奉安
于金陵清涼寺乃為賛曰

佛子在時百憂繞臨行一念何由了口誦南無阿彌
陁如日出地萬國曉何況自捨所受用畫此圓滿天
日表見聞隨喜悉成佛不擇人天與蟲鳥但當常作

平等觀本無憂樂與壽夭丈六長身不為大方寸千
佛夫豈小此心平處是西方閉眼便到無魔嬈

六觀堂贊

我觀衆生念念為人晝不見心夜不見身佛言如夢
非想非因夢中常覺孰為形神我觀衆生終日凝怖
土偶不然無罣礙故佛言如幻永離愛惡飢飡畫餅
無有是處我觀衆生起滅不停以是為故乃有死生
佛言如泡泡本無成能壞能成雖佛不能我觀衆生
顛倒已久以光為無以影為有佛言光影我亦舉手
從此永斷日中狂走我觀衆生同游露中對面不見

衣沾眼蒙佛言如露一照而通蒙者既滅照者亦空

我觀衆生神通自在於電光中建立世界佛言如電

言發意會佛與衆生了無雜壞垂慈老人嘗作是觀

自一至六六生千萬生故無窮一故不亂東坡無口

孰為此賛

膠西盖公堂照壁畫賛 并引即師子屏風賛

陸探微畫師子在潤州甘露寺李衛公鎮浙西所

留者筆法奇古絶不類近世予為甘露寺有詩云

破板陸生畫青猊戲盤山上有二天人揮手如翔

鸞筆墨雖欲盡典刑再不刋者也熙寧九年十一

月十五日命工摹置膠西盖公堂中且賛之云

高其目仰其鼻奮然吐舌威見齒舞其足前其耳左顧右盼喜見尾䨲猛而和盖其戲置之高堂護燕几啼呼顛沛走百鬼嗟乎妙扎古陸子

元華子真賛

方口而髯秀眉覆顴示我其華我識其元我來從之目擊道存我有陋室茅茨采椽洒掃庭户窓牖廓然虛空無人頤受予言

髑髏賛

黄沙枯髑髏本是桃李面而今不忍看當時恨不見

業風相鼓轉巧色美倩盼無師無眼禪看便成一片

自海南歸過清遠峽寶林寺敬贊禪月所

畫十八大阿羅漢

第一賓度羅跋囉墮尊者

白氎在膝貝多在巾目視超然忘經與人面顱百皺

不受刀鑷無心掃除留此殘雪

第二迦諾迦代蹉尊者

耆年何老粲然復少我知其心佛不妄笑瞋喜雖幻

笑則非瞋施此無憂與無量人

第三迦諾迦跋梨隨闍尊者

揚眉注目拊膝横拂問此大士為言為默默如雷霆
言如墻壁非言非默百祖是式

第四蘇頻陁尊者

聃耳屬肩綺眉覆顴（音權 輔骨也）佛在世時見此耆年開
口誦經四十餘齒時聞雷雹出一彈指

第五諾矩羅尊者

善心為男其室法喜背癢孰爬有木童子高下適當
輕重得宜使真童子能如茲乎

第六跋陁羅尊者

美很惡婉自昔所聞不圓其輔有圓者存現六極相

代衆生報使諸佛子具佛相好

第七迦理迦尊者

佛子三毛髮眉與須既去一作芸其二一則有餘因以
示衆物無兩遂既得無生則無生死

第八代闍羅弗多尊者

兩眼方用兩手自寀用者注經寀者寄滕二法相忘
亦不相捐是四句偈在我指端

第九戒愽迦尊者

一刼七日刹那三世何念之勤屈指黙計屈者已往
信者未然孰能住此屈伸之間

第十半託迦尊者

垂頭沒肩俛目注視不知有經而况字義佛子云何飽食晝眠勤苦功用諸佛亦然

第十一羅怙羅尊者

面門月滿（一作圓）瞳子電爛示和猛容作威喜觀龍象之姿魚鳥所驚以是幻身為護法城

第十二那迦犀那尊者

以惡轆物（轆一作駭）如火自爇以信入佛如水自濕垂眉捧手為誰虔恭大（一作導）師無德水火無功

第十三因揭陁尊者

捧経持珠杖則倚肩植杖而起経珠乃閑不行不立
不坐不卧問師此時経杖何在
第十四伐那婆斯尊者
六塵既空出入息滅松摧石隕路迷草合逐獸于原
得箭已一作忘弓偶然汲水忽然相逢
第十五阿氏多尊者
勞我者皙休我者黔如晏如岳鮮不僻濎是哀駘它
澹臺滅明各妍于心得法眼正
第十六注茶半託迦尊者
以口説法法不可説以手示人手去法滅生滅之中

自（一作了）然真常是故我法不離色聲

第十七慶友尊者

以口誦經以手歎（一作數）法是二道場各自起滅孰知

毛竅八萬四千皆作佛事説法熾然

第十八賓頭盧尊者

右手持杖左手拊右為手持杖為杖持手宴坐石上

安以杖為無用之用世人莫知

捕魚圖賛

荇秀水暖龜魚出戲獨（一作怒）蛙無朋寂寞鼓吹孰謂

魚樂強羸相屠去是哆口以完長須

馬祖龐公真贊

南岳坐下一馬四蹄踏殺天下馬後復一老龐一口吸盡西江天下是老師腳西江即渠儂口不知誰踏誰救何緣自吸自嘗 昊秀作六偈述龐公事東跋讀而首首之爲書此贊

王豐嚴隱居陽行先真贊

道不二德不孤無人所有有人所無世之所爭者五天盡其三而畀其二是以日計之不足歲計之有餘也

蓮光法師真贊

嗟夫法師行年四十有四而不知非壯之欲身居京

邑而不營利欲之私體無威容口無文詞頭如蓬葦性如麋鹿麋意之所向雖金石莫隔而鬼神莫逆此所以陟降天門睥睨帝所而終莫能疑者邪

醴泉觀真靖崇教大師真贊

北方有神君出内罔與冥被髪拊劒馭兩靈國之東南福其庭注然天醪涌其泠汰選妙士守籥扃翛然真靖有典刑眉閒三出杳而清何必控鯉浮南溟

清都謝道士真贊

謝道士生丙子真一存長不死欲識清都面目一江春水東流滔滔直入滄海大至蓬萊頂頭

李伯時作老子新沐圖遺道士蹇拱辰趙郡蘇某見而賛之　一云子由作

老聃新沐晞髮于庭其心淡然若忘其形夫子與回見之而驚入而問之強使自名曰豈有已哉夫人皆然惟役於人而喪其天其人苟忘其天則全四肢百骸孰為吾纏死生終始孰為吾遷彼赫赫者將為吾溫彼肅肅者將為吾寒一溫一寒交而萬物生焉物皆賴之而況吾身乎溫為吾和寒為吾堅忽乎不知而更千萬年葆光志之夫非養生之根乎

辯才大師真賛

予頃年嘗聞妙法於辯才老師今見其畫像乃以所聞者贊之即之浮雲無窮去之明月皆同欲知明月所在在汝唾霧之中

應夢觀音贊

稽首觀音宴坐寶石忽忽夢中應我空寂觀音不来我亦不往水在盆中月在天上

思無邪齋贊

飲食之精草木之㸑集我丹田我丹所家我丹伊何鈆汞丹砂客主相守如巢養鷇培以戊己耕以赤蛇化以丙丁滋以河車乃根乃株乃實乃華晝煉于日

赫然丹霞夜浴于月皓然素葩金丹自成曰思無邪

此贊信筆直書不加點定殆是天成非以意造也紹

聖元年十月二十日

羅漢贊

左手持經右手引帶為卷為開是義安在已讀則卷

未讀則開我無所疑其音如雷

傅大士贊

善慧執板南泉作舞借我門槌為君打鼓

普照王贊 即僧伽贊

盲人有眼不自知忽然見日喜而舞非謂日月有在

亡實自慶我眼根在泗濱大士誰不見而有熟視不見者豈彼無眼業障故以知見者皆希有若能便作希有見從此成佛如反掌傳摹世間千萬億皆自大士法身出麻田供養東坡賛見者無數悉成佛

銘

孔毅甫鳳咮石硯銘

昔予得之鳳凰山下龍焙之間今君得之劍浦之上黯黮之灘如樂之和如金之堅如玉之有潤如舌之有泉此其大凡也為然為不然然也雖胡越同名猶可不然徒與此石谿而産何異於九鵬而一鶚

魯直所惠洮河石硯銘

洗之礪發金鐵琢而泓堅密澤郡洮岷至中國棄于劍參筆墨歲丙寅斗南北歸予者黄魯直

故人王頤有自然端硯硯之成於片石上稍稍如磨治而已銘曰

其色馬肝其聲磬其文水中月眞寶石也而其德則正其形天合其於人也略是故可使而不可役也

楊次公家浮磬銘

清而直朴而一雖有鄭衞無自而入以託於君子之室

裙靴銘并序

予在黄州時夢神考召入小殿賜宴乃令作宫人裙銘又令作御靴銘

百疊漪漪風皺六銖縱縱雲輕獨立含風廣殿微聞環珮来聲

寒女之絲銖積寸累天步所臨雲蒸雷起

周文炳瓢硯銘

以汝為硯嚚肖而瓢質以汝為瓢硯剖而腹實飲西江之水吾以汝礪齒懸河之辯其以爾借面不即不離孰曰非道人之應器

王定國硯銘 二首

石出西山之西北山之北戎以發劍予以試墨劍止一夫敬墨以為萬世則吾以是知天下之才皆可以納諸聖賢之域

又

月之從星時則風雨汪洋翰墨將此是似黑雲浮空謾不見天風起雲移星月凛然

雪浪石盆銘 一作雪浪齋銘 并引

予於中山後圃得黑石白脉如蜀孫位孫知微所

畫石間奔流盡水之變又得白石曲陽爲大盆以
盛之激水其上名其室曰雪浪齋云

畫水之變獨（一作蜀）兩孫當世（一作與不）傳者歸九原異哉
駭石雪浪翻石中乃有此理存玉井芙蓉丈八盆伏
流飛空漱其根東坡作銘豈多言四月辛酉紹聖元

古今畫水唯作平遠細皺獨有孫知微畫活水盡其變態

谷庵銘

孔公之堂名虛白蘇子堂後作圓屋堂雖白矣庵自
黑知白守黑名曰谷谷庵之中空無物非獨無應亦
無荅洞然神光照毫髮

德威堂銘并敘

元祐之初詔起大師潞公於洛命以重事公惟
仁宗英宗神考三聖眷荷之重不敢以既老爲辭
杖而造朝期年乃求去詔曰昔西伯善養老而太
公自至魯穆公無人子思之側則長者去之公自
爲謀則善矣獨不爲朝廷惜乎又曰唐太宗以干
戈之事尚能起李靖於既老而穆宗文宗以燕安
之際不能用裴度於未病治亂之効於斯可見公
讀詔聳然不敢言去盖復留四年天下無事朝廷
奠安乃力請而歸公之在朝也契丹使耶律永昌

劉霄来聘軾奉詔館客與使者入覲望見公殿門外却立改容曰此潞公也耶所謂以德服人者問其年曰何壯也軾曰使者見其容未聞其語其總理庶務酬酢事物雖精練少年有不如貫穿古今洽聞強記雖專門名家有不逮使者拱手曰天下異人也公既歸洛西羌首領有温谿心者請於邊吏願獻良馬於公邊吏以聞詔聽之公心服天下至于四夷書曰德威惟畏德明惟明世所以守伯夷之典用皐陶之法者以其德也若夫非德之威雖猛而人不畏非德之明雖察而人不服公修德

於几席之上而其威折衝於萬里之外退居於家而人望之如在廊廟可不謂德威乎公之子及為河陽守公將往臨之吏民喜甚自洛至三城歡呼之聲相屬及作堂以待公而請銘於軾乃榜之曰

德威而銘之曰

德威惟畏德明惟明惟師潞公展也大成公在洛師崧洛有光寯言三城河流不揚頤公百年子孫千億家于兩河日見顏色西戎来朝祗慄公門豈惟西人兩一作河四方其訓之

文勛篆銘

世人篆字隸體不除如浙人語終老帶吳安國用筆意在隸前汲冢魯壁周鼓秦山

葬枯骨銘 并敘

有宋紹聖二年官葬暴骨于是是豈無主仁人君子斯其主矣東坡居士銘其藏曰

人耶天耶隨念而徂有未能然宅此稿䰟後有君子無廢此心陵谷變遷復棺衾之

卓錫泉銘 并敘

六祖初住曹溪卓錫泉涌清涼滑甘贍足大衆逮今數百年矣或時小竭則衆汲于山下今長老辯

公住山四歲泉日涌溢聞之嗟異為作銘曰

祖師無心心外無學有来扣者雲涌泉落問何從来初無所從若有從處来則有窮初住南華集衆須水水性融會豈有無理引錫指名寒泉自洌衆渴得飲如我說法云何至今有溢有枯泉無溢枯盖其人乎辯来四年泉水洋洋烹煮濯溉飲及牛羊手不病汲肩不病負匏勺瓦盂莫知其故我不求水水則許我訊於祖師其亦可哉

桄榔庵銘并敘

東坡居士謫于儋耳無地可居偃息于桄榔林中

摘葉書銘以記其處

九山一區帝爲方輿神尻以遊孰非吾居百柱屓贔萬瓦披敷上棟下宇不煩兵夫海氛瘴霧吞吐吸呼蝮蛇魑魅出怒入娛習苦堂奥雜處童奴東坡居士强安四隅以動寓止以實託虛放此四大還於一如東坡非名岷峨非廬須髮不改示現毗盧無作無止無欠無餘生謂之宅死謂之墟三十六年吾其捨此跨汗漫而遊鴻濛之都乎

石塔戒衣銘

石塔得三昧初從戒定入是故常寶護登壇受戒衣

吾聞得道人一物不留云何此法衣補綴成百衲諸
法念已逝此衣非昔衣此法非生滅衣蓋無壞者振
此無塵衣洗此無垢人壞則隨他去是故終不壞

參寥泉銘 并叙

予謫居黃參寥子不遠數千里從予於東城留期
年嘗與同遊武昌之西山夢相與賦詩有寒食清
明石泉槐火之句語甚美而不知其所謂其後七
年予出守錢塘參寥子在焉明年卜智果精舍居
之又明年新居成而予以寒食去郡實來告行舍
下舊有泉出石間是月又鑿石得泉加洌參寥子

擷新茶鑽火煑泉而瀹之笑曰是見于夢九年衛公之爲靈也久矣坐人皆悵然太息有知命無求之意乃名之參寥泉爲之銘曰

在天雨露在地江湖皆我四大滋相所濡偉哉參寥彈指八極退守斯泉一謙四益予晚聞道夢幻是身眞卽是夢夢卽是眞石泉槐火九年而信夫求何伸實弊汝神

夕庵銘

輿晝皆作霧散毛脉夜氣既歸肝膽是宅我銘夕庵惟以照寐八萬四千忽然而一

何公橋銘 英州

天壤之間水居其多人之往来如鷄在河順水而行雲駛鳥疾維水之利千里咫尺亂流而涉過膝則止維水之害咫尺千里沔彼濫觴蛙跳儵游溢而懷山神禹所憂豈無一木支此大壞舞于盤渦氷圻雷觧坐使此邦畫為兩州鷄犬相聞胡越莫救允毅何公甚勇于仁始作石梁其艱其勤將作復止更此百難公心如石匪鐵則堅公以身先民以悦使老壯負石如負其子蹠為玉虹隱為金堤直欄横檻百賈所棲我来與公同載而出讙呼闐道抱其馬足我歎而言

視此滔滔未見剛者孰爲此橋頓公千歲與橋壽考持節復来以慰父老如朱仲卿食于桐鄉我作銘詩子孫不忘

廣心齋銘

細德險微愛争彼我君子廣心物無不可心不運寸中積瑣瑣得之戚戚忿欲生火沃以遠水井泉無波天下爲量萬物一家前聖後聖惠我光華

十二琴銘

震陵孤桐

震陵孤桐下陽岑音如㵎泉響深林二聖元祐歲丁

卯器巧名之張益老

香林八節

河渭之水多土其聲厚以沉江漢之水多石其聲激而清香林八節是謂天地之中山水之陰

號鍾

薄則播厚則石侈則哆弇則鬱長甬則震無此五疾則鳴而中律是謂號鍾之實

玉磬

其清越以長者玉也聽萬物之秋者磬也實如是中藜藿不再食以是樂飢不以告羅

松風

忽乎青蘋之末而生有極於萬竅號怒而實無失其蕩枝蟠葉霎而脫其枯風鳴松耶松鳴風耶

古媧黄

煉石補天之年截匏比竹之音雖不可得見吾知古之猶今木聲犂然當於人心非參寀者孰鈎其深

南風

聲歌南風舜作則欲報父毋天罔極

歸鶴

琴聲三疊舞胎仙肉飛不到夢所傳白鶴歸来見曾

玄隴頭松風入朱絃

秋風

秋風度而草木先驚感秋者絃直而志不平攬變衰之色爲可憐之聲不戰者善將傷手者代匠悲莫悲於湘濵樂莫樂於濠上

漁榐

襏襫大須蕭然於萬物之表槁項黄馘闒然於一葦之航與鷗鸕而物化發山水之天光驚潛魚而出聽是謂魚榔

九州璜

釣漁得九州之璜避紂得九州之王湮沉乎射鮒之谷委蛇乎鳳凰之堂其音不爽惟德之常

天球

天球至意合以人力作者七人傳以華國有蔚者桐儷于下陽之庭奏刀而玉質成器而金聲山川畀之耶其天性之耶

唐陸魯望硯銘

噫先生隱唐餘甘杞菊老樵漁是器寶實相予爲散人出叢書

天石硯銘并敘

某年十二時於所居紗縠行宅隙地中與群兒鑿地為戲得異石如魚膚温瑩作淺碧色表裏皆細銀星扣之鏗然試以為硯甚發墨無貯水處先君曰是天硯也有硯之德而不足於形耳因以賜某曰是文字之祥也某寶而用之且為銘曰

一受其成而不可更或主於德或全於形均是二者顧予安取仰唇俯足世固多有

元豐二年秋七月予得罪下獄家屬流離書籍散亂明年至黄州求硯不復得以為失之矣七年七月舟行至當塗發書笥忽復見之

甚喜以付迨過其匣雖不工先君手刻其受硯處而使工人就成之者不可易也

惠州李氏潛珍閣銘

襲九淵之神龍汐淵潛以自珍雖無心於求世亦擇勝而栖神蔚鵝城之南麓擢仙李之芳根因石阜以庭宇跨飲江之鰲黿岌飛簷與鐵柱揷清江之崙崙眩古潭之百尺涵萬象於瑤琨耿月魄以終夜湛天容之方春信蒼蒼之非色極深遠而自然疑貝闕與珠宮有玉函之老人予南征其萬里友魚鰕與蛭螾逝將去而返顧託江流以投文悼此江之獨西歎妙

意之不陳逮公子之東歸寓此懷於一樽雖神龍之
或豢終不豢之為仁

啓

求婚啓

結縭早歲已聯昆弟之姻親垂白南荒尚念子孫之
嫁娶敢憑良妁往欵高閎軾長子某之第二子符天
質下中生有蓬麻之陋祖風綿邈庶幾弓冶之餘伏
承故令弟子立先輩之愛女第十四小娘子稟粹德
門教成家廟中郎墳典之付豈在他人太真姑舅之
婚復見今日仰緣夙契祗聽俞音

定州到狀

得請近藩假塗治境即諧披奉預切忻愉

謝韓舍人啓

某聞古者至治之世天子推恩以收天下之望有司執法以繩天下之媮蓋不推恩則無所無容不執法則有所僥倖有司推恩而求名則侵君之權天子執法而責實則失民之望為君者常病於察為臣者又失之寛古之明天子信其臣而不惑於多言故有司執法而無所忌古之良有司憂其君而不卹於私計故天下歸怨而不敢辭況欲選材而置官是將教民

而圖任唯所利國豈容樹恩今聖上推不忍之心使
賢愚皆遂其所欲而大臣用至明之法使工拙不至
於相淆嚮者哀憐老儒故爲特奏之令惻惻連坐又
開別試之塗此天下所以詠歌至仁皷舞盛德君臣
之體夫豈同條伏惟舍人執事爲時求材憂國忘己
所圖甚遠將深計於安危自信至明曾不牽於毀譽
變苟且依違之俗去浮僞囂譁之文罷黜俗儒動以
千計講通經術得者九人顧兹小才偶在殊選惟天
子推恩如此之厚惟大臣執法如此之堅將天下實
被其鈞陶（二字一作休功）豈一夫獨遂其私顛感荷徼切不

能自勝

潁州謝運使啓

衰病倦遊久懷歸意聖恩寛假特乞守符條教闊疎溪湖清遠但坐糜於廩禄顧難繼於賢豪所幸仁明曲垂存撫特先賞於顧盼使增重於吏民伏惟某官才簡上心名高省闥蹔屈外臺之寄一蘇右輔之民日望車塵按臨封部少奉誨言之末得為衰朽之光感佩之私筆舌難既

荅漕使啓

多病早衰屢有江湖之請誤恩過聽遂分疆埸之憂

才無取於折衝愧已深於卧鎮敢縁厚德尚許無容
恭惟某官名重縉紳望隆中外承宣帝澤民忘流殍
之灾肅振臺風吏若親臨之畏顧惟朽鈍得奉教條
但交欣悚之懷莫罄瞻依之頌

上執政謝奬諭啓

事有服勤與實守臣之職功無可録遽膺襃詔之榮
聞命惟驚反身自愧伏自河失故道遺患及於東方
徐居下流受害甲於他郡比縁衆力獲保孤城灑沈
澹災無補洪源之塞增卑培薄僅循下策之施敢圖
天聽之卑乃辱璽書之賜兹盖伏遇某官左右元聖

師保萬民方以一夫不獲為己羞故衆人皆樂以善告遂緣過聽致此曲恩某敢不祗服訓詞益修吏職深自策其駑鈍庶有補於涓埃過此以還罔知所措

謝王内翰啓

竊以取士之道古難其全欲求倜儻超拔之材則懼其放蕩而或至於無度欲求規矩尺寸之士則病其齷齪而不能有所為進士之科昔稱浮剽本朝更制漸復古風博觀策論以開天下豪俊之塗精取詩賦以折天下英雄之氣使齷齪者望而不敢進放蕩者退而有所栽此聖人所以網羅天下之逸民追復先

王之舊迹元臣大老皆出此塗伏惟内翰執事天材
俊麗神氣横溢奇文髙論大或出於繩檢比聲協句
小亦合於方圓葢天下望為權衡故明主委之黜陟
某之不肖與在下風顧惟山野之見聞安識朝廷之
忌諱某亦恃有執事之英鑒以為小節之何拘執事
亦將收天下之遺才觀其大綱之所在驟至殊等實
聞四方使知大國之選才非顧當時之所悦渺然陋
器雖不能勝多士之喧言卓爾大賢自足以破　人
之浮議方將奔走厥職厲精乃心苟庶幾無朝夕之
愆以辱知己亦萬一有毫髮之效少荅至仁感懼之

懷不知所措

上留守宣徽啓

右某啓少年游學方成都樂職之秋壯歲效官復淮陽盱理之日矧留都之清淨眷幙府之優閑再枉辟書重收孤迹哀憐廢弃之久誰復肯然綢繆樽俎之歡亦非偶爾伏惟留守宣徽大尉才高一世望重屢朝體河嶽之兼容納涓塵而不間衣食有奉已寬盡室之憂道德照人況復終身之幸其爲感激難盡敷陳

謝交代趙祠部啓

近審新命屈領此邦名實所加吏民交慶夫何駑蹇之步偶玆糠粃之先雖甚内慙實爲大幸恭惟某官清名肅物雅望在人以博學而濟雄文以高才而行直道久試蕭生於馮翊猶煩長孺於淮陽眷此東原幾爲大澤尚呻吟之未復豈罷陋之所堪望公之来以日爲歲祝頌之素寫述難周

賀孫樞密啓

伏審對揚綸綍進領樞機道不虛行必賴股肱之力人惟求舊允符夷夏之瞻恭惟某官德克山甫之將明氣備孟軻之剛大聲華傾於衆望功業見乎有爲

擁節常山遠過長城之備剸繁京兆遂令鳴鼓之稀公議益崇貴名愈白用致非常之命以圖保大之勳惟時運籌既壯王猷之塞伫觀秉軸更增帝載之熙某限以郡符阻趨墻仞欣抃之至徒切下懷

上監司謝禮上啓

燕南趙北昔為百戰之場地利人和今乃四夷之守觀累朝之命帥皆一代之名臣豈謂寵榮曲加疲陋顧吏民之易治幸衰朽之少安此蓋伏遇某官碩德庇民宏才偉世餘膏所燭常分無盡之光棠霧而行坐獲不知之潤眷言朽鈍未遂顛隮勉知策厲之勤

少荅吹揚之賜

回列郡守倅啓

祗奉詔恩出臨邊寄愧非才之難強託餘庇以少安豈謂仁私過形存問感佩之至宣寫莫周

賀列郡知通賀冬啓

日旋南極氣兆黄官竊惟視履之祥宜擁自天之祐未遑馳問先辱惠音感佩之誠敷述罔既

賀隣帥監司年節啓

新曆既頒盖履端歸餘之歲群情交泰正贊陽出滯之辰恭惟某官厚德鎮浮一作時高名華國非獨疇咨

之用已簡上心更膺難老之祥以符民望官守所限
展慶無由欣頌之深敷陳罔既

同列郡守倅賀年啓

新曆既頒群情交泰過蒙流問祇服寵光永惟嗣歲
之興必享宜民之禄徒深頌咏莫罄敷陳

謝監司啓二首

近審下車輒嘗進記徒欲聞名於將命未皇盡意以
占詞不圖謙光遽錫褒寵感銘既切愧惕弃深恭惟
某官以舊德之賢當聖朝之選恩是以濟法義是以
理財先聲所臨公議同慶凡繫屬部實有賴於庇庥

惟是孤蹤更曲蒙於優借此為過幸豈復勝言

又

伏念傾蓋若故雖自慰於宿心盡言非書故未紓於誠意即膺寵復實佩謙光退屬紛縈遂疎上記遽叨榮問徒益厚顏恭惟某官造道惟深養氣以直理財不愆於義行法不失其恩竊聆下風倍仰厚德不圖幸會遽隷屬封吏畏民懷既仰安於明哲心勞政拙庶粗免於譴訶喜抃至深敷陳莫罄煩猷尚熾忝對未期伏冀精顒別即迅召

賀高陽王待制啓

伏審顯奉恩綸榮更帥閫鎮武垣之衝要聯內閣之高華公議交俞貴名愈白恭惟某官膺天大任於時有為發揮才謀更歷事任道能濟而不過事雖難而不辭簡在聖心遂益柄任峻登祕近之直重易闕防之雄有恩有威方結東人之愛允文允武更紓北顧之憂即觀成功進陟近輔

賀青州陳龍圖啓

伏審光奉詔書往司留憲漢恩予告暫優三晁之勤商夢懷人方徯巨川之濟於公自計為喜可量伏惟某官文武憲邦忠嘉致主衆謂老成之託孰逾舊學

之賢而乃力謀退安示有疾病揮金故里雖榮踈傅之歸雅意本朝日望蕭公之入無由追餞徒切瞻依

謝惠生日詩啓

伏蒙某官以某生辰特貽佳什允也風人之作燦然華衮之榮自省庸虛惟知愧汗雖大人占斯干之夢喜獲嘉言而弟子廢蓼莪之篇難忘永慕感佩之素斅染莫周

謝求婚啓

敢議婚姻蓋恃鄉閭之末遂忘門閥亦緣聲氣之同龜筮既從祖考咸喜伏承令子第二小娘子慶鬧濯

秀豈獨衛公之五長而某第二子某駑質少文庶幾
南容之三復恭馳不腆之幣永結無窮之歡悚抃于
懷敷述罔既

賀正啓

伏以物壯則老肅彼所以成歲功否終必傾反復然
後知天意凡在含生之類休有向榮之心恭惟某官
履信體仁秉德直義才無施而不可道得時而愈隆
方當彙征元吉之辰宜享既醉太平之福某限居官
守阻候門墻瞻頌之深敷宣罔既

賀冬啓

伏以候緹室之清宮鼓告以日卜臺觀之黃複史書
有年共安消長之來以待陰陽之定恭惟某官才猷
傑異道德深醇靖共正直之休順獲天人之助某恪
守官以阻稱壽觴坐馳傾向之心莫罄安榮之遇

賀正啓

伏以葦桃在戶磔禳以餞餘寒椒柏稱觴燔烈以興
嗣歲在時為泰象物咸新恭惟某官德合斯民才高
當世迹雖淹於外補望已隆於本朝慶此朋來之辰
必有稟征之福某官守所繫展謂無階頌咏之深敷
寫難盡

謝孫舍人啓

拜命中宸代言西掖聳聞中外交慶士夫竊惟二聖之心蓋以多士爲急緘烽什鼓而以將帥爲藩垣抵璧捐金而以公卿爲帑廩蓋樽俎有折衝之恃則藜藿無見採之憂某官瑚璉之才杞梓其用學不專於爲己才已效於臨民穆如清風草木皆靡炳然白日霰雪自消茲爲收拾之儲豈特絲綸之任不遺衰朽過辱緘封永敦爲好之懷深負難酬之作

謝呂學士啓

文學之選人才所難邇無世禄之嫌遠絶茅衡之弃

矧此國家養賢之地豈爲儒者竊禄之私某官學古入官脩身以道志本爲己行浮於名直諒多聞固可追於益友文史足用曾不愧於古人果膺選掄益登清要未皇馳問先辱惠音

荅新蘇州黄龍圖啓

伏審光膺詔函移牧吳會先聲所被惠政已孚自顧妄庸敢論疇昔既聯法從之末又竊鄰光之餘金華玉堂帝左右之高選武林茂苑江東南之要藩雖才分闊絶於賢愚而步武差池於先後其爲喜幸宜倍等流伏惟某官文秀士林才任國器學已試而可用

望久養而益隆偃息均勞赦度莫窺於萬頃治行稱
首次公行踐於三槐潤澤所加迂愚有託辱移書之
周厚實借寵於衰遲銘感之深筆舌難諭

賀提刑馬宣德啓

奉命按刑捧節入境吏民相慶已戴二天之仁衰病
自私獨先一日之雅恭承榮問有激懦衷伏惟某官
才映士林望高朝論治行聳聞於中外家聲洋溢於
縉紳眷三吳之疲民困連年之積潦疇咨明哲宣布
厚恩匪惟凋瘵之獲蘇抑亦庸虛之知勉其爲喜幸
豈易名言

答曾舍人啓

伏審顯膺制命榮進掖垣風聲所加中外同慶伏以

耵才之道自昔為難惟君子之所為固衆人之莫識

奢儉異俗不害徐公之有常用舍皆天孰知令尹之

無喜某官異材秀出愽學名家世以文明遠繼父兄

之業早緣德進簡在裕陵之心今乃援而進之論者

惜其晚矣訓詞一出皆丹青潤色之文老拙自降有

糠粃在前之歎過蒙寵顧辱示華牋愧無酬德之言

徒有得賢之慶感忭之素寫述難周

答秀州胡朝奉啓

伏審初見吏民首行條教隣封甚邇欣謠頌之藹然緘牘先蒙愧勞謙之過矣某官望推朝論才映士林用已試於盤根所居見紀政方觀於餘地不令而行某待罪江湖苟安衰病眷言一郡幸擊柝之相聞矜式百為知伐柯之不遠其為欣詠難盡名言

上虢州大守啓

伏審光奉宸恩寵分郡寄惟此山河之勝宜膺師帥之權凡在庇庥莫不欣抃切以弘農故地虢國舊邦周分同姓之親唐以本支為尹富庶雅高於二陝鶯花不謝於三川韓公三十一篇風光咸在賈島五十

六字景色如初有洪淄灌溉之饒被女郎雲雨之施
四時無旱百物常豐寶產金銅充仞諸邑良材松柏
贍給中都至於事簡訟稀瀟洒有道山之況魚肥鶴
浴依稀同澤國之風自匪臣賢不輕假守故來者未
嘗淹久而優恩已見遷除非揔一路之轉輸則入六
曹而侍從前人可考新命何疑伏惟知府某官學造
淵源道升堂奥精祲盡天人之藴高明窮性命之微
中外屢更功名茂著銅虎暫淹於百里朱轓聊寄於
三堂仰望精微俯臨民社共傒星言而夙駕思承道
化乎其民某仕版寒蹤賔僚俗吏久仰圭璋之望素

欽星斗之名豈謂此時獲依巨庇惟良作牧已興來暮之歌謡有隕自天惟恐别膺於綸綍無任丹懇倍切馳情

賀蔣發運啓

伏審上計入覲拜恩言還擁節東南上寄一方之休戚考圖廣内示將大用之權輿凡在庇庥舉增抃躍恭惟某官受材秀傑秉德純忠蔚然西漢之文深厚爾雅展矣東京之吏悃愊無華雖已得正法眼藏於大祖師猶有一大事因縁於當來世固將入踐卿相坐致功名以斯道而結王知随所寓而作佛事某竄

流已久衰病相仍方稱慶之未皇忽移書之見及欣
感之幸筆舌難宣
荅杭州交代林侍制啓
伏審新易節旄光臨督府舊政已孚於千里先聲坐
振於七州某偶以庸虛適相先後愧無毫髮之善可
紀斯民惟有凋瘵之餘以遺君子即諧瞻奉尤切詠
思
荅臨江軍知軍啓
泮水政成繆膺桑梓之敬海邦畫諾又觀枳棘之棲
多難百罹流年半世恍如昨夢復見故人伏惟某官

居以才稱進由德選淵源師友舊仰鄭公之高讚作一
歌詠風流近傳召父之繼不忘疇昔曲賜俯存豈獨
憐衰朽而借餘光盖將敦風義以勵流俗感佩之至
筆舌難宣

賀年啓二首

效五物以觀雲咸知歲羡備八能而合樂益驗人和
伏惟某官進德及時宜民受禄肇履三陽之應永膺
百順之歸未遂披承徒增欣詠

又

三陽應律萬寳向榮永惟視履之祥宜獲自天之祐

来皇展慶徒切頌言

高麗大使遠迎啓

伏審觀光魏闕自忘浮海之勤授館吳都將有披雲之幸過承謙德先枉華緘感荷之深誦言莫旣

副使啓

伏審祗率邦常來脩方貢適此海隅之守得瞻使節之華首辱緘縢過形謙抑其爲感怍難盡名言

謝大使土物啓

伏審揚舲造朝弭節就舍歸時事於宰旅方勞遠勤發私幣於公卿亦蒙見及莫遑辭避但切感銘

謝管設大使啓

嗚鹿食野方主禮之粗陳驪駒在門歎賓歡之莫盡遽辱移書之重益慙為具之踈即遂頤言徒增銘佩

副使啓

伏惟舍館初定徒馭少休粗接賓歡方愧飱牽之陋曲敦私好特班琛貢之餘感佩于懷愧怍無量

謝副使啓

伏以裴回弭節必忘靡盬之勤笑語飛觴深懷不腆之愧過承榮問益荷謙勤感服于衷筆舌難盡

罷登州謝杜宿州啓

桑榆晚景忽蒙收録之恩山海名邦得竊須臾之樂自非明哲少借餘光内自顧其空踈必難逃於曠敗某官高風肅物雅望應時既愷悌以宜民亦儒雅而飾吏每假齒牙之論曲誠羽翼之私感佩良深敷述奚既

杭州到狀

得請支郡備員屬城幸茲衰病之餘託在庇庥之末即諧瞻奉預切欣愉

賀王發運啓

伏審榮膺制檢總領漕權慘舒六路之民表裏大農

之政風聲所曁忻悚交并恭惟某官學術過人忠嘉許
國暫屈分符之寄已膺側席之思乃眷東南欲少蘇於
疲瘵無心内外當益罄於謀惟凡在庇庥豈勝歡慰

賀新運使張大夫啓一本作賀葉運使

伏承抗旌入境揆日臨民方一節之風馳已列城之
雲靡矧惟雅故尤激懽悰伏惟某官早以異材著聞
羙績議法造令久裨於廟謨宣化承流益試之民事
自聞新命實慰輿情再惟衰朽之餘得荷寬明之庇
其爲厚幸未易究陳著聞羙績下四句一本作望高郎選綮列星之經躔華使周爰凜外臺之風采

回荅館職啓

伏審奉詔明廷升華册府國有得賢之盛士知稽古之榮虎觀石渠極諸儒之妙選鼇宮金闕笑方士之遠求自喜衰年獲觀盛事恭惟某官學本自得道惟造深温故為君子之儒多聞推益者之友奇字可學知子雲之苦心亡書復存賴安世之默識不試而用知賢則深某方此賜環遷承枉駕沐誨音之已厚愧馳謁之未遑

答喬舍人啓

某聞人才以智術為後而以識度為先文章以華采為末而以體用為本國之將興也貴其本而賤其末

道之將廢也取其後而弃其先用舍之間安危攸寄故議論慷慨則東漢多徇義之夫學術夸浮則西晉無可用之士興言及此太息隨之元祐以來真人在位並興多士以出異材眷惟淮海之英久屈江湖之上追茲顯擢實慰輿情伏惟某官名重儒林才為國器深厚爾雅非近世之時文直諒多聞蓋古人之益友代言未幾華國著稱豈惟臺省之光抑亦邦家之慶過蒙跳示深服撝謙顧慙衰病之餘莫究欣承之意

謝右史啓

比者誤被聖恩軫及弃物起於貶所付以名藩牧養

疲民曾未施於薄效躋攀近侍已再被於寵光禄既

多則功不可徼職既崇而責尤當重顧懇辭之莫獲

念圖報之未能方以為憂敢辱見慶此盖某官德惟

樂善志務達人重縁姻好之私貴以文詞之美捧讀

數四退增愧赧屬春候之向和宜福禄之益固未遂

披奉但切傾懷

賀時宰啓

伏審光膺考憤峻陟宰司孚號揚廷士識上心之所

尚置郵傳命人知聖澤之將流靡不欣愉至於鼓舞

恭以某官直方以大廣愽而良進以正而正邦異乎
求以求政貫六經百子之學煥三代兩漢之詞昂禀
自殊倜蕭俟之入尺斗南莫競凛梁公之一人加以
絕識見微曠度舉遠清心省事則法可使復結繩之
約強本節用則貨可使若流泉之長材無不可範而
成也譬泥之在鈞俗無不可易而善也猶風之靡草
是皆還至而有效安見為事而無功盖神考貽謀已
完具而可按故成王纘要宜纖悉以勿加此大雅無
持而不移矧清裹圖任之愈篤豈緊踈遜所獨詠歌
惟民罔知合語則聖凡有詔令率先惠慈固已遐邇

争傳室家胥慶顧此民逢此日之何幸謂吾相勸吾
君以愛人懽聲格於九天乖氣消於萬彙在昔小國
如彼景公損己一言退星三舍又况以禹湯大信之
誥有夔契同寅之言蠢爾憑生猶知助順赫然在上
豈不降康某愚有赤心老無佞舌輒忘犯分顧欲輸
誠然有難言是在精智蓋無交則莫與爲好謀則必
成不惡而嚴匪怒伊教終成大賴豈曰自私伏念某
遭時休明賦命衰薄蚤粗蒙於遴選比久幸於退藏
天雨何私笑流行之木偶滄溟不改嘆自蕩之波臣
重以傾歲周旋竊嘗撰屨永塗流落無復掃門豈賴

補息剝黥彫圬糞朽出蔀見日去盆望天悵末力之將殫愧明恩之莫報乃利用安身之何有儻奉法循理之可為民社非輕猶承宣而惴惴天淵靡外亦戾躍以欣欣某限以在外不獲躬詣省庭預百執事賀鈞屏下情無任

及第後謝秋賦試官啓

伏以聖人設文章之教本以御民君子在田野之間亦學為政故知禮樂者可與言化通春秋者長於治人蓋三代之所常行於六經可以備見事為之制曲為之防使學者皆能明其心則天下可以運於掌降及

近世析為二塗凡王政皆出於刑書故儒術不通於吏事惟其所以治民者固不本於學而其所以為學者亦無施於民游庠序者忘朝廷讀法律者指詩賦場屋後進挾聲律一作技以相詩王公大人顧雕蟲而自笑舊學無用古風遂忘終始之意曾不相沿貴賤之間亦因遂闊下之士有學古之志而無學古之功上之人有用儒之名而無用儒之實顧茲媮弊常切憫嗟苟非當世之大賢孰拯先王之墜典伏惟某官才出間世志存生民曩在布衣能通天下之務旋居要職又為儒者之師一作宗明習政事而皆有本原守

持經術而不為迂闊世之係望上所深知輟自朝聯
付之文柄命題甚易而不肖者無所無容用法至寬
而犯令者未嘗苟免觀其發問於策足以盡人之才
講求（一作欲聞）先聖之心考其詩義深悲古學之廢訊以
歷書條任子之便宜訪成君之故事不泥於古不牽
於今非有苛碎難知之文將觀磊落不羈之士使天
下知文章誠可以致治又知聲律不足以入官失之
者固因而自新得之者不至於捐舊疇（一作平）昔所欲
（一作歎）於今遂忘某才無他長學以自守為文病拙不
能當世俗之心奏籍有名大懼辱賢材（一作人）之舉飜

然如畀之羽翼追逸翮以並游沛然如假之舟航臨長川而獲濟偶緣大庇粗遂一名方將區區於簿書米鹽之間碌碌於塵埃箠楚之地雖識恩之所自顧力報之未由感懼之懷言不能盡（一作不知所措）

謝應中制科啓

臨軒策士方搜絕異之才隨問獻言誤占久虛之等忽從佐縣擢與評刑內自顧於無堪凜不知其所措恭惟制治之要惟有取人之難用法者畏有司之不公故舍其平生而論其一日通變者恐人材之未盡故詳於採聽而略於臨時茲二者之相形顧兩全而未

有一之於考試而掩之於倉卒所以為無私也然而才行之迹無由而深知委之於察舉而要之於久長所以為無失也然而請囑之風或因而滋長此隋唐進士之所以為有弊魏晉中正之所以為多姦惟是賢良茂異之科兼用考試察舉之法每中年輒下明詔使兩制各舉所聞在家者能孝而恭在官者能廉而慎臨之以患難而能不變邀之以寵利而能不回既已得其行己之大方然後責其當世之要用學博者又須守約而後取文麗者或以用寡而見尤特於萬人之中求其百全之美凡與中書之召命已為天

下之選人而又有不可測知之論以觀其默識之能無所不問之策以考其博通之實至於此而不去則其人之可知然猶使御史得以求其疵諫官得以考其素一陷清議輒為廢人是以始由察舉而無請謁公行之私終用考試而無倉卒不審之患蓋其取人也如此之密則夫不肖者安得而容某才不逮人少而自信治經獨傳於家學為文不顧於世知特以飢寒之憂出求斗升之禄不謂諸公之過聽使與群豪而並游始不自量欲行其志遂竊俊良之舉不知才力之微論事迂闊而不能動人讀書踈略而無以應敵

取之甚愧得而益慙此蓋伏遇某官以堯舜之道輔吾君以伊周之業為己任恐一夫不獲自盡以為廟堂之憂思天下所以太平必用芻蕘之說亟收末學以輔大猷然志卑處高德薄寵厚歷觀前輩由此為致君之資敢以微軀自今為許國之始過此以往未知所裁以堯至大猷五十字一本作德為世之望人位為時之顯處声稱所被四方莫不奔趋議論一家多士以為進退致茲庸末亦与甄收

下財啓

夙縁契好獲講婚姻顧門閥之雖微恃臭味之不遠敬陳納幣之禮以行奠鴈之儀庶徼福于前人永交

歡於二姓

荅求親啓

藐爾諸孤雖本軒裳之後閔然衰緒莫閑纂組之功伏承某人儒術飭修鄉評茂著許敦兄弟之好永結琴瑟之歡瞻望高門獲接登龍之峻恪勤中饋庶幾數馬之恭

與邁求親啓

里閈之游篤於早歲交朋之分重以世姻某長子邁天資朴魯近憑遊藝之師傳賢小娘子姆訓夙成遠有萬石之家法聊伸不腆之幣願結無窮之歡

徐州謝隣郡陳彥升啓

受代膠西甫遶仁庇分符泗上復託恩私祗見吏民布宣條教郡有溪山之樂庭無爭訟之煩曾何妄庸獲此僥倖此盖某官紀綱千載儀表一方議論信於中朝予奪公於多士衰罷無術既常荷於兼容勉厲自將或無忝於知遇感懼之素敷染難宣

湖州上監司先狀

弭棹江郊聳聞風采馳神德守若奉誨音欣抃之深敷宣莫究

回同官先狀

幸因聯事得遂依仁瞻奉匪遥欣愉良極

黄州還回太守畢仲遠啓

五年嚴譴已甘魚鳥之鄉一舸生還復與搢紳之末屢將通問輒復自疑方兹入境之初遽已誨音之辱披緘驚眩撫己汗惶共惟某官師帥斯民表儀多士道德龔黄之右牢圍坐空風流王謝之間嘯歌自得豈特居人之安堵固將遷客之忘歸路轉湖陰益聽風謡之美神馳鈴下如聞謦咳之音瞻詠實勞敷宣罔既

杭州與莫提刑啓

罷直禁中本緣衰病分符淛右更竊寵榮顧惟頑鈍之資豈任繁劇之寄仰憑多可或賜曲全恭惟某官德望在人才猷簡上肅高風於列郡浹厚德於齊民千佛題名昔忝遊從之末三吳按郡想蒙潤澤之餘會見有期瞻依愈切

回蘇州黃龍圖啓

伏審政成京口詔徙吳都眷惟疆境之隣首被風聲之美亟蒙音誨良慰望思伏惟某官賦才敏明秉德仁厚踐揚臺省既久簡於上心偃息江湖尚歷試以民事仰膺殊用以協群言欣頌之誠口占難盡

代賀歐陽樞密啓 代大中公

伏以拜恩王庭署事兵府非徒儒者之盛節實爲天下之殊休苟居下風孰不欣抃切以國家分設二府紀綱百官凡奉法循令所以撫民於內者皆效節於中書秉義蹈忠所以捍城於外者皆受制於樞密未有不能文而能幹兵事未有不知兵而能爲宰臣職雖或偏道未始異蓋近古之制兵農混於一民自漢以還文武分爲二職所上者係乎其世所長者存乎其人求其兼通豈復容易恭以樞密侍郎名冠當代才雄萬夫通習世務而皆有本源講明經術而不爲

迂闊擢居大位實快群心武夫悍卒自以爲盡得其才賢士大夫皆以爲得行其道某分守遠郡寓居近畿仰大賢之登庸助率土之歡詠

東坡續集卷第十

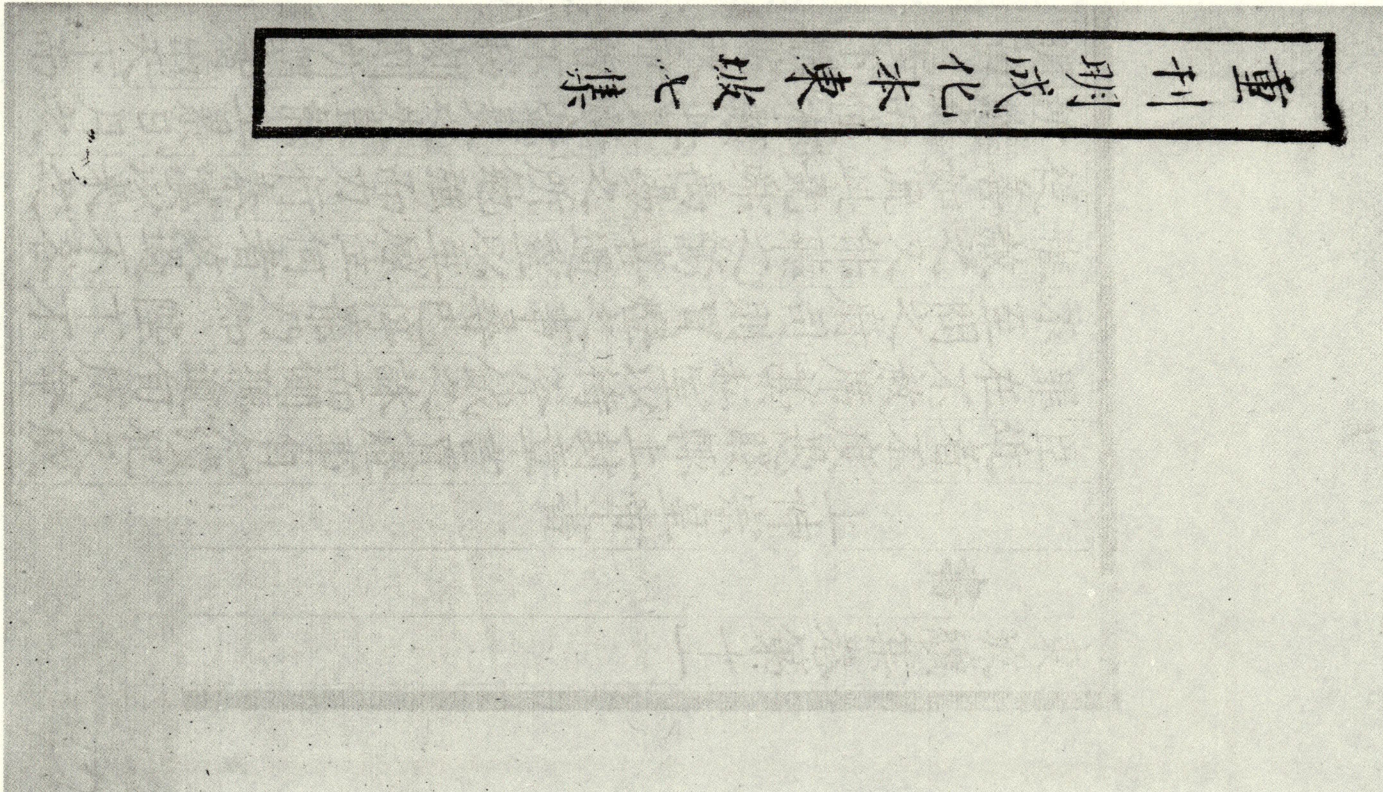

重刊明成化本東坡七集

東坡續集卷第十一

書

上神宗皇帝書

臣近者不度愚賤輒上封章言買燈事自知瀆犯天威罪在不赦席藁私室以待斧鉞之誅而側聽逾旬威命不至問之府司則買燈之事尋已停罷乃知陛下不惟赦之又能聽之驚喜過望以至感泣何者改過不吝從善如流此堯舜禹湯之所勉強而力行秦漢以來之所絕無而僅有顧此買燈毫髪之失豈能上累日月之明而陛下飜然改命曾不移刻則所謂智出天下而

聽於至愚威加四海而屈於匹夫臣今知　陛下可以為堯舜可與為湯武可與富民而措刑可與強兵而伏戎虜矣有君如此其忍負之惟當披露腹心捐棄肝腦盡力所至不知其他乃者臣亦知天下之事有大於買燈者矣而獨區區以此為先者蓋未信而諫聖人不與交淺言深君子所戒是以試論其小者而其大者固將有待而後言今　陛下果赦而不誅則是既已許之矣許而不言臣則有罪是以願終言之臣之所欲言者三願　陛下結人心厚風俗存紀綱而已人莫不有所恃人臣恃　陛下之命故能役使小民小民恃　陛下之

法故能勝伏強暴至於人主所恃者誰歟書曰予臨兆
民懔乎若朽索之馭六馬言天下莫危於人主也聚
則為君臣散則為仇讐聚散之間不容毫釐故天下
歸往謂之王人各有心謂之獨夫由此觀之人主之所
恃者人心而已人心之於人主也如木之有根如燈之
有膏如魚之有水如農夫之有田如商賈之有財木
無根則槁燈無膏則滅魚無水則死農夫無田則飢
商賈無財則貧人主失人心則亡此必然之理不可
逭之災也其為可畏從古以然苟非樂禍好亡狂易
喪志詎敢肆其胷臆輕犯人心乎昔子產焚載書以

弭衆言賂伯石以安巨室以為衆怒難犯專欲難成

而孔子亦曰信而後勞其民未信則以為厲己也惟

商鞅變法不顧人言雖能驟至富強亦以召怨天下

使其民知利而不知義見刑而不見德雖得天下旋

踵而亡至於其身亦卒不免負罪出走而諸侯不納

車裂以徇而秦人莫哀君臣之間豈願如此宋襄公

雖行仁義失衆而亡田常雖不義得衆而強是以君

子未論行事之是非先觀衆心之向背謝安之用諸

桓未必是而衆之所樂則國以乂安庾亮之召蘇峻

未必非而勢有不可則反為危辱自古及今未有和

易同衆而不安剛果自用而不危者也今　陛下亦
知人心之不悅矣中外之人無賢不肖皆言祖宗以
來治財用者不過三司使副判官經今百年未嘗闕
事今者無故又創一司號曰制置三司條例使六七
少年日夜講求於內使者四十餘輩分行營幹於外
造端宏大民實驚疑創法新奇吏皆惶惑賢者則求
其說而不可得未免於憂小人則以意而度朝廷遂
以爲謗謂　陛下以萬乘之主而言利謂執政以天
子之宰而治財商賈不行物價騰踊近自淮甸遠及
川蜀喧傳百口論說百端或言京師正店議置監官

夔路深山當行酒禁拘收僧尼常住減剋兵吏廩祿
如此等類不可勝言而甚者至以為欲復肉刑斯言
一出民且狼顧　陛下與二三大臣亦聞其語矣然
而莫之顧者徒曰我無其事又無其意何恤於人言
夫人言雖未必皆然而疑似則有以致謗人必貪財
也而後人疑其盜人必好色也而後人疑其淫何者
未置此司則無此謗豈去歲之人皆忠厚而今歲之
士皆虛浮孔子曰工欲善其事必先利其器又曰必
也正名乎今　陛下操其器而諱其事有其名而辭
其意雖家置一喙以自解市列千金以購人人必不

信謗亦不止夫制置三司條例司求利之名也六七少年與使者四十餘輩求利之器也驅鷹犬而赴林藪語人曰我非獵也不如放鷹犬而獸自馴操網罟而入江海語人曰我非漁也不如捐網罟而人自信故臣以為去讒慝而召和氣復人心而安國本則莫若罷制置三司條例司夫 陛下之所以創此司者不過以興利除害也使罷之而利不興害不除則勿罷罷之而天下悅人心安興利除害無所不可則何苦而不罷 陛下欲去積弊而立法必使宰相熟議而後行事若不由中書則是亂世之法聖君賢相夫豈

其然必若立法不免由中書熟議不免使宰相此司
之設無乃冗長而無名智者所圖貴於無迹漢之文
景紀無可書之事唐之房杜傳無可載之功而天下
之言治者與文景言賢者與房杜盖事已立而迹不
見功已成而人不知故曰善用兵者無赫赫之功豈
惟用兵事莫不然今所圖者萬分未獲其一也而迹
之布於天下已若泥中之鬬獸亦可謂拙謀矣 陛
下誠欲富國擇三司官屬與漕運使副而 陛下與
二三大臣孜孜講求磨以歲月則積弊自去而人不
知但恐立志不堅中道而廢孟子有言其進鋭者其

退速若有始有卒自可徐徐十年之後何事不立孔
子曰欲速則不達見小利則大事不成使孔子而非
聖人則此言亦不可用書曰謀及卿士至于庶人合
時大同乃底元吉若逆多而從少則靜吉而作凶今
自宰相大臣既以辭免不為則外之議論斷亦可知
宰相人臣也且不欲以此自汚而　陛下獨安受其
名而不辭非臣愚之所識也君臣宵旰幾一年矣而
富國之効茫如捕風徒聞内帑出數百萬緡祠部五
千耳以此為術其誰不能且遣使縱横本非令典漢
武遣繡衣直指桓帝遣八使皆以守宰狼籍盜賊公

行出於無術行此下策宋文帝元嘉之政比於文景當時責成郡縣未嘗遣使及至孝武以郡縣遲緩始命臺使督之以至蕭齊此弊不革故景陵王子良上疏極言其事以為此等朝辭禁門情態即異暮宿州縣威福便行駈迫郵傳折辱守宰公私煩擾民不聊生唐開元中宇文融奏置勸農判官使裴寬等二十九人並攝御史分行天下招携户口檢責漏田時張説楊瑒皇甫璟楊相如皆以為不便而相繼罷黜雖得户八十餘萬皆州縣希旨以主為客以少為多及使百官集議都省而公卿以下懼融威勢不敢異辭

陛下今讀之觀其所行為是為否近者均稅寬恤冠
蓋相望朝廷亦旋覺其非而天下至今以為謗曾未
數歲是非較然臣恐後之視今猶今之視昔且其所遣
尤不適宜事少而員多人輕而權重夫人輕而權重
則人多不服或致侮慢以興爭事少而員多則無以
為功必須生事以塞責陛下雖嚴賜約束不許邀功
然人臣事君之常情不從其令而從其意今朝廷之
意好動而惡靜好同而惡異指趣所在誰敢不從臣
恐陛下赤子自此無寧歲矣至於所行之事行路
皆知其難何者汴水濁流自生民以來不以種稻秦

人之謂曰涇水一石其泥數斗且溉且糞長我禾黍
何嘗曰長我粳稻耶今欲陂而清之萬頃之稻必用
千頃之陂一歲一淤三歲而滿矣　陛下遽信其說
即使相視地形萬一官吏苟且順從真謂　陛下有
意興作上靡帑廩下奪農時堤防一開水失故道雖
食議者之肉何補於民天下久平民物滋息四方遺
利蓋略盡矣今欲鑿空尋訪水利所謂即鹿無虞豈
惟徒勞必大煩擾凡所擘劃利害不問何人小則隨
事酬勞大則量才録用若官司格沮並重行黜降不
以赦原若材力不辦興修便許申奏替換賞可謂重

罰可謂輕然並終不言諸色人妄有申陳或官司誤
興功役當得何罪如此則妄庸輕剽浮浪姦人自此
爭言水利矣成功則有賞敗事則無誅官司雖知其
踈豈可便行抑退所在追集老少相視可否吏卒所
過鷄犬一空若非灼然難行必須且為興役何則格
沮之罪重而誤興之過輕人多愛身勢必如此且古
陂廢堰多為側近冒耕歲月既深已同永業苟欲興
復必盡追收人心或搖甚非善政又有好訟之黨多
怨之人妄言某處可作陂渠規壞所怨田産或指人
舊業以為官陂冒佃之訟必倍今日臣不知朝廷本

無一事何苦而行此哉自古役人必用鄉户猶食之必用五穀衣之必用桑麻川之必用舟航地之必用牛馬雖其間或有以他物充代然終非天下所可常行今者徒聞江浙之間數郡行此而欲措之天下是猶見燕晉之棗栗岷蜀之蹲鴟而欲以廢五穀豈不難哉又欲官責所在坊場以充衙前顧直雖有長役更無酬勞長役所得既微自此必漸衰散則州郡事體憔悴可知士大夫捐親戚棄墳墓以從宦於四方者宣力之餘亦欲取樂此人之至情也若凋弊太甚廚傳蕭然則似危邦之陋風恐非太平之盛觀 陛

下試慮及此必不肯為且今法令莫嚴於御軍軍法
莫嚴於逃竄禁軍三犯廂軍五犯大率處死然逃軍
常半天下不知雇人為役與廂軍何異若有逃者何
以罪之其勢必輕於逃軍則其逃必甚於今日為其
官長不亦難乎近者雖使鄉户頗得雇人然而所雇
逃亡鄉户猶任其責今遂欲於兩稅之外別立一科
謂之庸錢以備官雇則雇人之責官所自任矣自唐
楊炎廢租庸調以為兩稅取大曆十四年應干賦斂之
數以立兩稅之額則是租調與庸兩稅既兼之矣今
兩稅如故奈何復欲取庸聖人立法必慮後世豈可

於常稅之外別出科名萬一不幸後世有多欲之君輔之以聚歛之臣庸錢不除差役仍舊使天下怨讟推所從来則必有任其咎者矣人欲使坊郭等第之民與鄉户均役品官形勢之家與齊民並事其說曰周禮田不耕者出屋粟宅不毛者有里布而漢世宰相之子不免戍邊此其所以藉口也古者官養民今者民養官給之以田而不耕勸之以農而不力於是乎有里布屋粟夫家之征而民無以為生去為商賈事勢當耳何名役之且一歲之戍不過三日三日之雇其直三百今世三大户之役自公卿以降無得免

者其費豈特三百而已大抵事若可行不必皆有故事若民所不悅俗所不安縱有經典明文無補於怨若行此二者必怨無疑女户單丁蓋天民之窮者也古之王者首務恤此而今　陛下首欲役之此等苟非户將絕而未亡則是家有丁而尚幼若假之數歲則必成丁而就役老死而沒官富有四海忍不加恤孟子曰始作俑者其無後乎春秋書作丘甲用田賦皆重其始為民患也青苗放錢自昔有禁今　陛下始立成法每歲常行雖云不許抑配而數世之後暴君汚吏　陛下能保之歟異日天下恨之國史記之

曰青苗錢自　陛下始豈不惜哉且東南買絹本用
見錢陝西粮草不許折兑朝廷既有著令職事又每
舉行然而買絹未嘗不折塩粮草未嘗不折鈔乃知
青苗不許抑配之説亦是空文只如治平之初揀刺義
勇當時詔旨慰諭明言永不戍邊著在簡書有如盟
約于今幾日論議已搖或已代還東軍或欲抵換弓
手約束難恃豈不明哉縱使此令決行果不抑配計
其間願請人户必皆孤貧不濟之人家若自有贏餘
何至與官交易此等鞭撻已急則繼之逃亡逃亡之
餘則均之鄰保勢有必至理有固然且夫常平之為

法也可謂至矣所守者約而所及者廣借使萬家之邑止有千斛而谷貴之際千斛在市物價自平一市之價既平一邦之食自足無操瓢乞丐之弊無里正催驅之勞今若變為青苗家貸一斛則千斛一作户之外孰救其飢且常平官錢常患其少若盡數收糴則無借貸若留充借貸則所糴幾何乃知常平青苗其勢不能兩立壞彼成此所喪愈多虧官害民雖悔何逮臣竊計　陛下欲考其實則必亦問人人知　陛下方欲力行必謂此法有利無害以臣愚見恐未可憑何以明之臣頃在陝西見刺義勇提舉諸縣臣嘗

親行愁怨之民哭聲振野當時奉使還者皆言民盡
樂爲希合取容自古如此不然則山東之盜二世何
縁不覺南詔之敗明皇何縁不知今雖未至於斯亦
望　陛下審聽而已昔漢武之世財力匱竭用賈人
桑羊之說買賤賣貴謂之均輸于時商賈不行盜賊
滋熾幾至於亂孝昭既立學者爭排其說霍光順民
所欲從而予之天下歸心遂以無事不意今者此論
復興立法之初其說尚淺徒言徙貴就賤用近易遠
然而廣置官屬多出緡錢豪商大賈皆疑而不敢動
以爲雖不明言販賣然既已許之變易變易既行而

不與商賈爭利者未之聞也夫商賈之事曲折難行
其買也先期而與錢其賣也後期而取直多方相濟
委曲相通倍稱之息由此而得今官買是物必先設
官置吏簿書廩禄為費已厚非良不售非賄不行是
以官買之價比民必貴及其賣也弊復如前商賈之
利何緣而得朝廷不知慮此乃捐五百萬緡以與之
此錢一出恐不可復縱使其間薄有所獲而徵商之
額所損必多今有人為其主牧牛羊者不告其主以
一牛而易五羊一牛之失則隱而不言五羊之獲則
指為勞績　陛下以為壞常平而言青苗之功虧商

稅而取均輸之利何以異此　陛下天機洞照聖略
如神此事至明豈有不曉必謂已行之事不欲中變
恐天下以為執德不一用人不終是以遲留歲月庶
幾萬一臣竊以為過矣古之英主無出漢高酈生謀
撓楚權欲復六國高祖曰善趣刻印及聞留侯之言
吐哺而罵曰趣銷印夫稱善未幾繼之以罵刻印銷
印有同兒戲何嘗累高祖之知人適足以明聖人之
無我　陛下以為可而行之知其不可而罷之至聖
至明無以加此議者必謂民可與樂成難與慮始故
勸　陛下堅執不顧期於必行此乃戰國貪功之人

行險僥倖之説　陛下若信而行之則是徇高論而
逆至情持空名而邀實禍未及樂成而怨已起矣臣
之所願結人心者此之謂也士之進言者為不少矣
亦嘗有以國家之所以存亡曆數之所以長短告
陛下者乎夫國家之所以存亡者在道德之淺深而
不在乎強與弱曆數之所以長短者在風俗之厚薄
而不在乎富與貧道德誠深風俗誠厚雖貧且弱不
害於長而存道德誠淺風俗誠薄雖強且富不救於
短而亡人主知此則知所輕重矣是以古之賢君不
以弱而忘道德不以貧而傷風俗而智者觀人之國

亦必以此察之齊之強也周公知其後必有簒弒之
臣衛至弱也季子知其後亡吳破楚入郢而陳大夫
逢滑知楚之必復晉武既平吳何曾知其將亂隋文
既平陳房喬知其不久元帝斬郅支朝呼韓功多於
武宣矣偷安而王氏之釁生宣宗收燕趙復河湟力
強於憲武矣銷兵而龐勛之亂起臣願　陛下務崇
道德而厚風俗不願　陛下急於有功而貪富強使
陛下富如隋強如秦西取靈武北取燕薊謂之有功
可也而國之長短則不在此夫國之長短如人之壽
夭人之壽夭在元氣國之長短在風俗世有尫羸而

壽考亦有盛壯而暴亡若元氣猶存則尫羸而無害及其已耗則盛壯而愈危是以善養生者慎起居節飲食導引關節吐故納新不得已而用藥則擇其品之上性之良可以久服而無害者則五藏和平而壽命長不善養生者薄節慎之功遲吐納之效厭上藥而用下品伐真氣而助強陽根本已危（一作空）僵仆無日天下之勢與此無殊故臣願　陛下愛惜風俗如護元氣古之聖人非不知深刻之法可以齊衆勇悍之夫可以集事忠厚近於迂闊老成初若遲鈍然終不肯以彼而易此者顧其所得小而所喪大也曹參

賢相也曰愼無擾獄市黄霸循吏也曰治道去泰甚
或譏謝安以清談廢事安笑曰秦用法吏二世而亡劉
晏為度支專用果鋭少年務在急速集事好利之黨
相師成風德宗初即位擢崔祐甫為相祐甫以道德
寛大推廣上意故建中之政其聲翕然天下想望庶
幾正觀及盧杞為相諷上以刑名整齊天下馴致僥
薄以及播遷我仁祖之御天下也持法至寛用人有
敘專務掩覆過失未甞輕改舊章然考其成功則曰
未至以言乎用兵則十出而九敗以言其府庫則僅
足而無餘徒以德澤在人風俗知義是以升遐之日

天下如喪考妣社稷長遠終必賴之則仁祖可謂知
本矣今議者不察徒見其末年吏多因循事不振舉
乃欲矯之以苛察齊之以智能招来新進勇銳之人
以圖一切速成之効未享其利澆風已成且天時不
齊人誰無過國君含垢至察無徒若　陛下多方包
容則人才取次可用必欲廣置耳目務求瑕疵則人
不自安各圖苟免恐非朝廷之福亦豈　陛下所願
哉漢文欲用虎圈嗇夫釋之謂利口傷俗今若以口
舌捷給而取士以應對遲鈍而退人以虛誕無實為
能文以矯激不仕為有德則先王之澤遂將散微自

古用人必須歷試雖有卓異之器必有已成之功一則使其更變而知難事不輕作一則待其功高而望重人自無辭昔先主以黄忠為後將軍而諸葛亮憂其不可以為忠之名望素非關張之倫若班爵遽同則必不悦其後關羽果以為言以黄忠豪勇之姿以先主君臣之契尚復慮此而況其他乎世常謂漢文不用賈生以為深恨臣甞推究其旨竊謂不然賈生固天下之竒才所言亦一時之良策然請為屬國欲係單于則是處士之大言少年之鋭氣昔高祖以三十萬衆困于平城當時將相群臣豈無賈生之比三

表五餌人知其味而欲以困中行說尤不可信兵凶
器也而易言之正如趙括之輕秦李信之易楚若文
帝亟用其言則天下殆將不安使賈生嘗歷艱難亦
必自悔其說用之晚歲其術必精不幸喪亡非意所
及不然文帝豈棄才之主絳灌豈蔽賢之士至於晁
錯尤號刻薄文帝之世止於太子家令景帝既立以
為御史大夫申屠嘉發憤而死紛更政令天下騷然
及至七國發難而錯之術亦窮矣文景優劣於此可
見大抵名器爵祿人所奔趨必使積勞而後遷以明
持久而難得則人各守其分不敢擬求今若多開驟

進之門使有異外之得公卿侍從跬步可圖其得者
既不以僥倖自名則不得者必皆以沉淪為恨使天
下常調舉生妄心恥不若人何所不至欲望風俗之
厚豈可得哉選人之改京官常須十年以上荐更險
阻計析毫釐其間一事聱牙常至終身淪棄今乃以
一人之薦舉而予之猶恐未稱章服隨至使積勞久
次而得者何以厭服哉夫常調之人非守則令貟多
闕少久已患之不可復開多門以待巧進若巧者侵
奪已甚則拙者迫怵無聊利害相形不得不察故近
歲朴拙之人愈少而巧進之士益多惟　陛下重之

惜之哀之救之如近日三司獻言使天下郡選一人
催驅三司文字許之先次指射以酬其勞則其數年
之後審官吏部又有三百餘人得先占闕常調待次
不其愈難此外勾當發運均輸按行農田水利已據
監司之體各懷進用之心轉對者望以稱旨而驟遷
奏課者求為優等而速化相勝以力相高以言而名
實亂矣惟　陛下以簡易為法清淨為心使姦無所
緣而民德歸厚臣之所願厚風俗者此之謂也古者
建國使内外相制輕重相權如周如唐則外重而内
輕如秦如魏則外輕而内重内重之弊必有奸臣指

鹿之患外重之弊必有大國問鼎之憂聖人方盛而慮衰常立法以救弊國家賦籍揔於計省重兵聚於京師以古揆今則似内重共惟祖宗所以預圖而深計固非小臣所能臆度而周知然觀其委任臺諫之一端則是聖人過防之至計歷觀秦漢以及五代諫争而死蓋數百人而自建隆以来未甞罪一言者縱有薄責旋即超升許以風聞而無官長風采所繫不問尊卑言及乘輿則天子改容事關廊廟則宰相待罪故仁宗之世議者譏宰相但奉行臺諫風旨而已聖人深意流俗豈知蓋擢用臺諫固未能皆賢所言

亦未必皆是然須養其銳氣借其重權者豈徒然哉將以折姦臣之萌而救内重之弊也夫姦臣之始以臺諫折之而有餘及其既成以干戈取之而不足今法令嚴密朝廷清明所謂姦臣萬無此理然養猫所以去鼠不可以無鼠而養不捕之猫畜狗所以防姦不可以無姦而畜不吠之狗陛下得不上念祖宗設此官之意下為子孫立萬世之防朝廷紀綱孰大於此臣自幼小所記及聞長老之談皆謂臺諫所言常隨天下公議公議所與臺諫亦與之公議所擊臺諫亦擊之及至英廟之初始建稱親之議本非人主

大過亦無禮典明文徒以衆心未安公議不允當時
臺諫以死爭之今者物論沸騰怨讟交至公議所在
亦可知矣而相顧不發中外失望夫彈劾積威之後
雖庸人亦可以奮揚風采消委之餘雖豪傑有不能
振起臣恐自兹已往習慣成風盡爲執政私人以致
人主孤立紀綱一廢何事不生孔子曰鄙夫可與事
君也歟哉其未得之也患得之旣得之患失之苟患
失之無所不至矣臣始讀此書疑其大過以爲鄙夫
之患失不過備位而苟容及觀李斯憂蒙恬之奪其
權則立二世以亡秦盧杞憂懷光之數其惡則誤德

宗以再亂其心本生於患失而其禍乃至於喪邦孔
子之言良不為過是以知為國者平居必常有忘軀
犯顏之士則臨難庶幾有徇義守死之臣茍平居
尚不能一言則臨難何以責其死節人臣茍皆如此
天下亦曰殆哉君子和而不同小人同而不和和如
和羹同如濟水故孫寶有言周公上聖召公大賢猶
不相悅著於經典兩不相損晉之王導可謂元臣每
與客言舉坐稱善而王述不悅以為人非堯舜安得
每事盡善導亦斂袵謝之若使言無不同意無不合
更唱迭和何者非賢萬一有小人居其間則人主何

緣得以知覺臣之所謂願存紀綱者此之謂也臣非
敢歷詆新政苟為異論如近日裁減皇族恩例刊定
任子條式脩完器械閱習鼓旗皆　陛下神筭之至
明乾剛之必斷物議既允臣敢有詞然至於所獻三
言則非臣之私見中外所病其誰不知昔禹戒舜曰
無若丹朱傲惟慢遊是好舜豈有是哉周公戒成王
曰無若商王受之迷亂酗于酒德哉王豈有是哉周
昌以漢高為桀紂劉毅以晉武為桓靈當時人君曾
莫之罪而書之史冊以為美談使臣所獻三言皆朝
廷未嘗有此則天下之幸臣與有焉若有萬一似之

則　陛下安可不察然而臣之為計可謂愚矣以螻
蟻之命試雷霆之威積其狂愚豈可屢赦大則身首
異處破壞家門小則削籍投荒流離道路雖然　陛
下必不為此何也臣天賦至愚篤於自信向者與議
學校貢舉首違大臣本意已期竄逐敢意自全而
陛下獨然其言曲賜召對從容久之至謂臣曰今政
令得失安在雖朕過失指陳可也臣即對曰　陛下
生知之性天縱文武不患不明不患不勤不患不斷
但患求治太速進人太銳聽言太廣又俾述其所以
然之狀　陛下領之曰卿所獻三言朕當熟思之臣

之狂愚非獨今日　陛下容之久矣豈有容之於始而不赦之於終恃此而言所以不懼臣之所懼者譏刺既衆怨仇實多必將詆臣以深文中臣以危法使陛下雖欲赦臣而不得豈不殆哉死亡不辭但恐天下以臣爲戒無復言者是以思之經月夜以繼日書成復毀至于再三感　陛下聽其一言懷不能已卒吐其説惟　陛下憐其愚忠而卒赦之不勝俯伏待罪憂恐之至

續添

上皇帝書 徐州上

臣以庸材備員冊府出守兩郡皆東方要地私竊以
為守法令治文書赴期會不足以報塞萬一輒伏思
念東方之要務　陛下之所宜知者得其一二草具
以聞而　陛下擇焉臣前任密州建言自古河北與
中原離合常係社稷存亡而京東之地所以灌輸河
北缾竭則罍恥脣亡則齒寒而其民喜為盜賊為患
最甚因為　陛下畫所以待盜賊之策及移守徐州
覽觀山川之形勢察其風俗之所上而考之於載籍
然後又知徐州為南北之襟要而京東諸郡安危所
寄也昔項羽入關既燒咸陽而東歸則都彭城夫以

羽之雄略捨咸陽而取彭城則彭城之險固形便足
以得志於諸侯者可知矣臣觀其地三面被山獨其
西平川數百里西走梁宋使楚人開關而延敵材官
騶發突騎雲縱真若屋上建瓴水也地宜宿麥一熟
而飽數歲其城三面阻水樓堞之下以汴泗為池獨
其南可通車馬而戲馬臺在焉其高十仞廣袤百步
若用武之世屯千人其上聚櫑木砲石凡戰守之具
以與城相表裏而積三年糧於城中雖用十萬人不
易取也其民皆長大膽力絕人喜為剽掠小不適意
則有飛揚跋扈之心非止為盜而已漢高祖沛人也

項羽宿遷人也劉裕彭城人也朱全忠碭山人也皆在今徐州數百里間耳其人以此自負凶桀之氣積以成俗魏太武以三十萬人攻彭城不能下而王智興以卒伍庸材恣睢於徐朝廷亦不能討豈非以其地形便利人卒勇悍故邪州之東北七十餘里即利國監自古為鐵官商賈所聚其民富樂凡三十六冶冶戶皆大家藏鏹巨萬常為盜賊所窺而兵衛寡弱有同兒戲臣中夜以思即為寒心使剽賊致死者十餘人白晝入市則守者皆棄而走耳地既產精鐵而民皆善鍛散冶戶之財以嘯召無賴則烏合之衆數

千人之仗可以一夕具也順流南下辰發巳至而徐
有不守之憂矣使不幸而賊有過人之才如呂布劉
備之徒得徐而逞其志則京東之安危未可知也近
者河北轉運司奏乞禁止利國監鐵不許入河北朝
廷從之昔楚人亡弓不能忘楚孔子猶小之況天下
一家東北二冶皆為國興利而奪彼與此不已隘乎
自鐵不北行冶户皆有失業之憂詣臣而訴者數矣
臣欲因此以征冶户為利國監之捍屛今三十六冶
冶各百餘人採鑛伐炭多飢寒亡命彊力鷙忍之民
也臣欲使冶户每冶各擇有材力而忠謹者保任十

人籍其名於官授以卻伢刀槊教之擊刺每月兩衙集於知監之庭而閱試之藏其刃於官以待大盜不得役使犯者以違制論治户為盜所擬久矣民皆知之使治出十人以自衛民所樂也而官又為除近日之禁使鐵得北行則治户皆悅而聽命姦猾破膽而不敢謀矣徐城雖險固而樓櫓敝惡又城大而兵少緩急不可守今戰兵千人耳臣欲乞移南京新招騎射兩指揮於徐此故徐人也甞屯於徐營壘材石既具矣而遷於南京異時轉運使分東西路畏餽餉之勞而移之西耳今兩路為一其去來無所損益而足

以為徐之重城下數里頗産精石無窮而奉化廂軍見闕數百人臣願募石工以足之聽不差出使此數百人者常採石以甃城數年之後舉為金湯之固要使利國監不可窺則徐無事徐無事則京東無虞矣沂州山谷重阻為逋逃淵藪盜賊每入徐州界中陛下若採臣言不以臣為不肖願復三年守徐且得兼領沂州兵甲巡檢公事必有以自效京東惡盜多出逃軍逃軍為盜民則望風畏之何也技精而法重也技精則難敵法重則致死其勢然也自　陛下置將官修軍政士皆精鋭而不免於逃者臣嘗考其所

由盖自近歲以来部送罪人配軍者皆不使役人而使禁軍軍士當部送者受牒即行往反常不下十日道路之費非取息錢不能辦百姓畏法不敢貸貸亦不可復得惟所部將校乃敢出息錢與之歸而刻其糧賜以故上下相持軍政不修博弈飲酒無所不至窮苦無聊則逃去為盜臣自至徐即取不係省錢百餘千别儲之當部送者量遠近裁取以三月刻納不取其息將吏有敢貸息錢者痛以法治之然後嚴軍政禁酒博比朞年士皆飽煖練熟技藝等第為諸郡之冠　陛下遣敕使按閲所具見也臣願下其法諸

郡推此行之則軍政修而逃者衰亦去盜之一端也

臣聞之漢相王嘉曰孝文帝時二千石長吏安官樂職上下相望莫有苟且之意其後稍稍變易公卿以下轉相促急司隸部刺史發揚陰私吏或居官數月而退二千石益輕賤吏民慢易之知其易危小失意則有離畔之心前山陽亡徒蘇令從橫吏士臨難莫肯仗節死義者以守相威權素奪故也國家有急取辦於二千石二千石尊重難危乃能使下以王嘉之言而考之於今郡守之威權可謂素奪矣上有監司伺其過失下有吏民持其長短未及按問而差替之

命已下矣欲督捕盜賊法外求一錢以使人且不可得盜賊凶人情重而法輕者守臣輙配流之則使所在法司覆按其狀劾以失入惴惴如此何以得吏士死力而破姦人之黨乎由此觀之盜賊所以滋熾者以 陛下守臣權太輕故也臣願 陛下稍重其權責以大綱闊略其小過凡京東多盜之郡自青鄆以降如徐沂齊曹之類皆慎擇守臣聽法外處置强盜頗賜緡錢使得以布設耳目畜養爪牙然緡錢多賜則難常少又不足於用臣以為每郡可歲別給一二百千使以釀酒凡使人葺捕盜賊得以酒予之敢以

為他用者坐贓論賞格之外歲得酒數百亦足以使人矣此又治盜之一術也然此皆其小者其大者非臣之所當言欲嘿而不發則又私自念遭值 陛下英聖特達如此若有所不盡非忠臣之義故昧死復言之昔者以詩賦取士今 陛下以經術用人名雖不同然皆以文詞進耳考其所得多吳楚閩蜀之人至於京東西河北河東陝西五路蓋自古豪傑之場其人沈鷙勇悍可任以事然欲使治聲律讀經義以與吳楚閩蜀之人爭得失於毫釐之間則彼有不仕而已故其得人常少夫惟忠孝禮義之士雖不得

志不失為君子若德不足而才有餘者困於無門則
無所不至矣故臣願　陛下特為五路之士别開仕
進之門漢法郡縣秀民推擇為吏考行察廉以次遷
補或至二千石入為公卿古者不專以文詞取人故
得士為多黄霸起於卒史薛宣奮於書佐朱邑選於
嗇夫丙吉出於獄史其餘名臣循吏由此而進者不
可勝數唐自中葉以後方鎮皆選列校以掌牙兵是
時四方豪傑不能以科舉自達者皆争為之往往積
功以取旄鉞雖老姦巨盗或出其中而名卿賢將如
高仙芝封常清李光弼来瑱李抱玉段秀實之流所

得亦已多矣王者之用人如江河江河所趨百川赴
焉蛟龍生之及其去而之他則魚鱉無所還其體而
鯢鰍為之制今世胥史牙校皆奴僕庸人者無他以
陛下不用也今欲用胥史牙校而胥史行文書治刑
獄錢穀其勢不可廢鞭撻鞭撻一行則豪傑不出於
其間故凡士之刑者不可用而用者不可刑故臣願
陛下採唐之舊使五路監司郡守共選士人以補牙
職皆取人材心力有足過人而不能從事於科舉者
禄之以今之庸錢而課之鎮稅場務督捕盜賊之類
自公罪杖以下聽贖依將校法長吏得薦其才者

第其功閥書其歲月使得出仕比任子而不以流外
限其所至朝廷察其尤異者擢用數人則豪傑英偉
之士漸出於此塗而姦猾之黨可得而籠取也其條
目委曲臣未敢盡言惟　陛下留神省察昔晉武平
吳之後詔天下罷軍役州郡悉去武備惟山濤論其
不可帝見之曰天下名言也而不能用及永寧之後
盜賊蠭起郡國皆以無備不能制其言乃驗今臣於
無事之時屢以盜賊為言其私憂過計亦已甚矣
陛下縱能容之必為議者所笑使天下無事而臣獲
笑可也不然事至而圖之則已晚矣干犯天威罪在

不赦臣軾誠惶誠恐頓首頓首謹言

代張方平諫用兵書

臣聞好兵猶好色也傷生之事非一而好色者必死賊民之事非一而好兵者必亡此理之必然者也夫惟聖人之兵皆出於不得已故其勝也享安全之福其不勝也必無意外之患後世用兵皆得已而不已故其勝也則變遲而禍大其不勝也則變速而禍小是以聖人不計勝負之功而深戒用兵之禍何者興師十萬日費千金内外騷動殆於道路者七十萬家内則府庫空虚外則百姓窮匱飢寒逼迫其後必有

盜賊之憂死傷愁怨其終必致水旱之報上則將帥
擁衆有跋扈之心下則士衆久役有潰叛之志變故
百出皆由用兵至於興事首議之人冥讁尤重盖以
平民無故緣兵而死怨氣充積必有任其咎者是以
聖人畏之重之非不得已不敢用也自古人主好動
干戈由敗而亡者不可勝數臣今不敢復言請為
陛下言其勝者秦始皇既平六國復事胡越戍役之
患被於四海雖拓地千里遠過三代而墳土未乾天
下怨叛二世被害子嬰就擒滅亡之酷自古所未嘗
有也漢武帝承文景富溢之餘首挑匈奴兵連不解

遂使侵尋及於諸國歲歲調發所向咸功建元之間
兵禍始作是時蚩尤旗出長與天等其春戾太子生
自是師行三十餘年死者無數及巫蠱事起京師流
血僵尸數萬太子父子皆敗班固以爲太子生長於
兵與之終始帝雖悔悟自克而發身之恨已無及矣
隋文帝既下江南繼事夷狄煬帝嗣位此心不衰皆
能誅滅彊國威震萬里然而民怨盜起亡不旋踵唐
太宗神武無敵尤喜用兵既已破滅突厥高昌吐谷
渾等猶且未厭親駕遼東皆志在立功非不得已而
用其後武氏之難唐室淩遲不絕如綫蓋用兵之禍

物理難逃不然太宗仁聖寬厚克己裕人幾至刑措而一傳之後子孫塗炭此豈為善之報也哉由此觀之漢唐用兵於寬仁之後故其勝而僅存秦隋用兵於殘暴之餘故其勝而遂滅臣每讀書至此未嘗不掩卷流涕傷其計之過也若使此四君者方其用兵之初隨即敗衄惕然戒懼知用兵之難則禍敗之興當不至此不幸每舉輒勝故使狃於功利慮患不深臣故曰勝則變遲而禍大不勝則變速而禍小不可不察也昔 仁宗皇帝覆育天下無意於兵將士惰偷兵革朽鈍元昊乘間竊發西鄙延安涇原麟府之間

敗者三四所喪動以萬計而海内晏然兵休事已而民無怨言國無遺患何者天下臣庶知其無好兵之心天地鬼神諒其有不得已之實故也今　陛下天錫勇智意在富强即位以来繕甲治兵伺候鄰國群臣百寮窺見此指多言用兵其始也弼臣執國命者無憂深思遠之心樞臣當國論者無慮害持難之識在臺諫之職者無獻替納忠之議從微至著遂成厲階既而薛向為横山之謀韓絳效深入之計陳升之呂公弼等陰與之協力師徒喪敗財用耗屈較之寶元慶曆之敗不及十一然而天怒人怨邊兵皆叛京

師騷然　陛下為之旰食者累月何者用兵之端
陛下作之是以吏士無怨敵之意而不直　陛下也
尚賴祖宗積累之厚皇天保祐之深故使兵出無功
感悟聖意然淺見之士方且以敗為恥力欲求勝以
稱上心於是王韶搆禍於熙河章惇造釁於梅山熊
本發難於瀘然此等皆戕殺已降俘纍老弱困弊
腹心而取空虛無用之地以為武功使　陛下受此
虛名而忽於實禍勉強砥礪奮於功名故沈起劉彝
復發於安南使十餘萬人暴露瘴毒死者十五而六
路之人斃於輸送貲糧器械不見敵而盡以為用兵

之意必且少衰而李憲之師復出於洮州矣今師徒

克捷銳氣方盛　陛下喜於一勝必有輕視四夷陵

侮敵國之意天意難測臣實畏之且夫戰勝之後

陛下可得而知者凱旋捷奏拜表稱賀赫然耳目之

觀耳至於遠方之民肝腦屠於白刃筋骨絶於餽餉

流離破產鬻賣男女薰眼折臂自經之狀　陛下必

不得而見也慈父孝子孤臣寡婦之哭聲　陛下必

不得而聞也譬猶屠殺牛羊刳臠魚鼈以為膳羞食

者甚美見食者甚苦使　陛下見其號呼於挺刃之

下宛轉於刀几之間雖八珍之美必將投筯而不忍

食而況用人之命以為耳目之觀乎且使　陛下將
卒精強府庫充實如秦漢隋唐之君則既勝之後禍
亂方興尚不可救而況所任將吏罷軟凡庸較之古
人萬萬不逮而數年以來公私窘乏内府累世之積
掃地無餘州郡征稅之儲上供殆盡百官廩俸僅而
能繼南郊賞給久而未辦以此舉動雖有智者無以
善其後矣且饑疫之後所在盜賊蠭起京東河北尤
不可言若軍事一興橫斂隨作民窮而無告其勢不
為大盜無以自全邊事方深内患復起則勝廣之形
將在於此此老臣所以終夜不寐臨食而歎至於慟

哭而不能自止也且臣聞之凡舉大事必順天心天之所向以之舉事必成天之所背以之舉事必敗盖天心向背之迹見於災祥豐歉之間今自近歲日蝕星變地震山崩水旱癘疫連年不觧民死將半天心之向背可以見矣而　陛下方且斷然不顧興事不已譬如人子得過於父母惟有恭順靜默引咎自責庶幾可解今乃紛然詰責奴婢恣行箠楚以此事親未有見赦於父母者故臣願　陛下遠覽前世興亡之迹深察天心向背之理絕意兵革之事保疆睦鄰安靜無為為社稷長久之計上以安二宮朝夕之養

下以濟四方億兆之命則臣雖老死溝壑瞑目於地
下矣昔漢祖破滅群雄遂有天下光武百戰百勝祀
漢配天然至白登被圍則講和親之議西域請吏則
出謝絶之言此二帝者非不知兵也盖經變既多則
慮患深遠今　陛下深居九重而輕議討伐老臣庸
懦私竊以為過矣然而人臣納說於君因其既厭而
止之則易為力迎其方鋭而折之則難為功凡有血
氣之倫皆有好勝之意方其氣之盛也雖布衣賤士
有不可奪自非智識特達度量過人未有能於勇鋭
奮發之中舍己從人惟義是聽者也今　陛下盛氣

於用武勢不可回臣非不知而獻言不已者誠見
陛下聖德寬大聽納不疑故不敢以衆人好勝之常
心望於 陛下且意 陛下他日親見用兵之害必
將哀痛悔恨而追咎左右大臣未嘗一言臣亦將老
且死見先帝於地下亦有以藉口矣惟 陛下哀而
察之

上皇帝書

臣軾謹昧死再拜皇帝陛下臣伏以今月初五日南
至文武百僚入賀所以賀一陽來復也謹按易復卦
雷在地中復先王以至日閉關商旅不行后不省方

說易者曰乾六陽之氣也爲十一月爲十二月爲正月爲二月爲三月爲四月而乾之陽復矣陽極則陰生陰生則夏至矣坤六陰之氣也爲五月爲六月爲七月爲八月爲九月爲十月而坤之陰極矣陰極則陽生陽生則冬至矣自太極分爲二儀二儀分爲四象四象分爲十二月十二月分爲三百六十五日五日爲一候分爲七十二候三候爲一氣分爲二十四氣上爲日月星辰下爲山川草木鳥獸蟲魚不出此陰陽之氣升降而已惟人也全天地十干之氣十月而成形故能天能地能人一消一息一呼一吸晝夜

與天地相通差舛毫忽則邪沴之氣干之矣故於冬至一陽之生也五陰在上五陽在伏而一陽初生於伏之下其氣至微其兆絪縕可以靜而不動可以畜養而不可以發宣故乾之初九爻曰潛龍勿用孔子曰陽在下也言陽氣方潛於下未可以用也先王於是日閉關商旅不行后不省方關者門户所由以闢也商旅者動以利心也后者凡居人上者謂之群后所以治事者也方者事也門户不開則微陽閉而不出也利心不動則外物感而不應也方事不省則視聽收而不發也先王奉若天道如此之密用之於

國則安靜而不勞用之於身則沖和而不竭昔者伏
羲神農黄帝堯舜皆得此道臣敢因至日以獻伏乞
聖慈留神省覽實社稷無疆之福

上韓魏公乞葬董傳書

軾再拜近得秦中故人書報進士董傳三月中病死
軾往歲官岐下始識傳至今七八年知之熟矣其為
人不通曉世事然酷嗜讀書其文字蕭然有出塵之
姿至詩與楚詞則求之於世可與傳比者不過數人
此固不待軾言公自知之然傳嘗望公不為力致一
官軾私心以為公非有所愛也知傳所禀付至薄不

任官耳今年正月軾過歧下而傳居喪二曲使人問訊其家而傳徑至長安見軾於傳舍道其飢寒窮苦之狀以為幾死者數矣賴公而存又且薦我於朝吾平生無妻近有彭駕部者聞公薦我許嫁我其妹若免喪得一官又且有妻不虛一作世人皆公之賜軾既為傳喜且私憂之此二事生人之常理而在傳則為非常之福恐不能就今傳果死悲夫書生之窮薄至於如此其極耶夫傳之才器固不通於世用然譬之象犀珠玉雖無補於飢寒要不可使在泥塗中此公所以終薦傳也今父子暴骨僧寺中孀母弱弟自

謀口腹不暇決不能葬軾與之故舊在京師者數人相與出錢賻其家而氣力微薄不能有所濟甚可憫笑公若猶憐之不敢望其他度可以葬傳者足矣陳繹學士當往涇州而宋迪度支在岐下公若有以賜之軾且飲衆人之賻并以予陳而致之宋使葬之有餘以予其家傳平生所為文當使人就其家取之若獲當獻諸公干冒左右無任戰越

上王兵部書

荆州南北之交而士大夫往来之衝也執事以高才盛名作牧於此蓋亦嘗有以相馬之說告于左右者

乎聞之曰騏驥之馬一日行千里而不殆其脊如不動其足如無所着升高而不輊走下而不軒其伎藝卓絶而效見明著至於如此而天下莫有識者何也不知其相而責其技也夫馬者有昂目而豐臆方蹄而密睫捷乎若深山之虎瞶乎若秋後之兔遠望目若視日而志不存乎芻粟若是者飄忽騰踔去而不知所止是故古之善相者立於五達之衢一日而眄之聞其一鳴顧而循其色馬之技盡矣何者其相溢於外而不可蔽也士之賢不肖見於面顏而發泄於辭氣卓然其有以存乎耳目之間而必曰久居而後

察則亦名相士者之過矣夫軾西州之鄙人而荆之
過客也其足跡偶然而至於執事之門其平生之所
治以求聞於後世者又無所挾持以至於左右蓋亦
易踈而難合也然自蜀至於楚舟行六十日過郡十
一縣三十有六取所見郡縣之吏數十百人莫不孜
孜論執事之賢而教之以求通於下吏且執事何脩
而得此稱也軾非敢以求知而望其所以先後於仕
進之門者亦徒以為執事立於五達之衢而庶幾乎
一目之眄或有以信其平生爾夫今之世豈惟王公
擇士士亦有所擇軾將自楚遊魏自魏無所不遊恐

他日以不見執事為恨也是以不敢不進不宣軾再拜

與劉宜翁書

軾頓首宜翁使君先生閣下秋暑竊惟尊體起居萬福軾久别因循不通問左右死罪死罪愚闇剛褊仕不知止白首投荒深愧朋友然定命要不可逃置之勿復道也惟有一事欲謁之先生出於迫切深可憫笑古之學者不憚斷臂刳眼以求道今若但畏一笑而止則過矣某齠齔好道本不欲婚宦為父兄所強一落世網不能自逭然未甞一念忘此心也今遠竄

荒服負罪至重無復歸望杜門屛居寢飯之外更無
一事胷中廓然實無荆棘竊謂可以受先生之道故
託里人任德公親致死懇古之至人本不恡惜道術
但以人無受道之質故不敢輕付之某雖不肖竊自
謂有受道之質三謹令德公口陳其詳伏料先生知
之有素今尤哀之想見聞此欣然拊掌盡發其秘也
幸不惜辭費詳作一書付德公以授程德孺表弟令
專遣人至惠州路遠難於往返咨問幸與軾盡載首
尾勿留後攺以俟憤悱也或有外冊已成可助成梨
棗者亦望不惜分惠迫切之誠真可憫笑矣夫心之

精微口不能盡而况書乎然先生筆端有口足以形容難言之妙而軾亦眼中無障必能洞視不傳之意也但恨身在謫籍不能千里踵門北面摳衣耳昔葛稚川以丹砂之故求句嶁令先生儻有意乎嶠南山水奇絶多異人神藥先生不畏嵐瘴可復談笑一遊則小人當奉杖屨以從矣昨夜夢人為作易卦得大有上九及覺而占之乃郭景純為許邁筮有元吉自天祐之之語遽作此書庶幾似之其餘非書所能盡惟祝萬萬以時自重不宣

上王刑部書

軾今日得於州吏伏審執事移使湖北竊以江陵之地實楚之故國巴蜀甄越三吳之出入者皆取道於是為一都會其山川之勝蓋歷代所嘗用武焉其間吳蜀魏氏亦悉力爭之宋有天下王師平高繼冲至于降孟昶下周保權又皆出此其人才之秀風物之美有屈宋伍禰之賦詠存焉建節旄而使者專有是土其見倚之重為吏之樂豈細也抑然執事處之則未足賀誠以執事之材力地望宜進任於時不宜任此或者以謂蠻反南方用兵湖北鄰也宜擇人撫之故以屬執事使誠有是議當出於廟堂非愚所得知

所不敢臆定所敢伏思者人患材不足施或不得施
豈以位之彼此大小為擇哉於執事之心當亦若是
肆吾力充吾職而已豈以位之彼此大小動吾意哉
固執事之所務也不宣軾再拜

與佛印禪老書

軾啓歸宗化主來辱書方欲裁謝棲賢遷師處又得
手教眷與益勤感怍無量數日大熱緬想山門方適
清和法體安穩雲居事迹已領冠世絶境大士所廬
已難下筆而龍居筆勢已自超然老拙何以加之幸
稍寬假使得欵曲抒思也昔人一涉世事便為山靈

勒回俗駕今僕蒙犯塵埃垂三十年困而後知返豈
來使黙涴名山而山中高人皆未相識而迎許之何以
得此豈非宿緣也哉向熱順時自愛不宣軾再拜
收得羡石數百枚戲作怪石供一篇以發一笑開却
此例山中齋粥今後何憂想復大笑也更有野人
於墓中得銅盆一枚買得以盛怪石并送上結緣

謝歐陽内翰書

右軾啓竊以天下之事難於改為自昔五代之餘文
教衰落風俗靡靡日以塗地　聖上慨然太息思有
以澄其源疏其流明詔天下曉諭厥旨於是招来雄

俊魁偉敦厚朴直之士罷去浮巧輕媚叢錯采綉之
文將以追兩漢之餘而漸復三代之故士大夫不深
明　天子之心用意過當求深者或至於迂務奇者
怪僻而不可讀餘風未殄新弊復作大者鏤之金石
以傳久遠小者轉相模寫號稱古文紛紛肆行莫之
或禁蓋唐之古文自韓愈始其後學韓而不至者為
皇甫湜學皇甫湜而不至者為孫樵自樵以降無足
觀矣伏惟內翰執事天之所付以收拾先王之遺文
天下之所待以覺悟學者恭承王命親執文柄意其
必得天下之奇士以塞明詔軾也遠方之鄙人家居

碌碌無所稱道及來京師久不知名將治行西歸不意執事擢為第二惟其素所蓄積無以慰士大夫之心是以羣嘲而聚罵者動滿千百亦惟恃有執事之知與衆君子之議論故恬然不以動其心猶幸御軾不為有司之所排使得搢笏跪起謝恩于門下聞之古人士無賢愚惟其所遇蓋樂毅去燕不復一戰而范蠡去越亦終不能有所為軾願長在下風與賓客之末使其區區之心長有所發夫豈惟軾之幸亦執事將有取一二焉不宣軾謹啓

謝范舍人書

右軾啓聞之古人民無常性雖土地風氣之所禀而
其好惡則存乎其上之人文章之風惟漢爲盛而貴
顯暴著者蜀人爲多蓋相如唱其前而王褒繼其後
峩冠曳佩大車駟馬徜徉乎鄉閭之中而蜀人始有
好文之意弦歌之聲與鄒魯比然而二子者不聞其
能有所薦達豈其身之富貴而遂忘其徒耶嘗聞之
老人自孟氏入朝民始息肩救死扶傷不暇故數十
年間學校衰息天聖中伯父觧褐西歸鄉人嘆嗟觀
者塞塗其後執事與諸公相繼登於朝以文章功業
聞於天下於是釋耒耜而筆硯者十室而九比之西

劉又以遠過且蜀之郡數十軾不敢遠引其他蓋通
義蜀之小州而眉山又其一縣去歲舉于禮部者凡
四五十人而執事與梅公親執權衡而較之得者十
有三人焉則其他可知矣夫君子之用心於天下固
無所私愛而於父母之邦苟有得之者其與之喜樂
豈如行道之人漠然而已哉執事與梅公之於蜀人
其始風動誘掖使聞先王之道其終度量裁置使觀
天子之光與相如王褒又甚遠矣軾也在十三人者
之中謹因閽吏進拜于庭以謝萬一又以賀執事之
鄉人得者之多也

上梅龍圖書

右軾啓軾聞古之君子欲知是人也則觀之以言言之不足以盡也則使之賦詩以觀其志春秋之世士大夫皆用此以卜其人之休咎死生之間而其應若影響符節之密夫以終身之事而決于一詩豈非誠發於中而不能以自蔽邪傳曰登高能賦可以為大夫矣古之所以取人者何其簡且約也後之世風俗薄惡漸不可信孔子曰今吾於人也聽其言而觀其行知詩賦之不足以決其終身也故試之論以觀其所以是非於古之人試之策以觀其所以措置於今

之世而詩賦者或以窮其所不能策論者或以掩其所不知差之毫毛輒以擯落後之所以取之者何其詳且難也夫惟簡且約故天下之士皆敦朴而忠厚詳且難故天下之士虚浮而矯激伏惟龍圖執事骨鯁大臣朝之元老憂恤天下慨然有復古之心親較多士存其大體詩賦將以觀其志而非以窮其所不能策論將以觀其才而非以掩其所不知使士大夫皆得寛然以盡其心而無有一日之間蒼皇擾亂偶得偶失之歎故君子以為近古軾長於草野不學時文詞語甚朴無所藻飾意者執事欲抑浮剽之文故

盜取此以矯其弊人之幸遇乃有如此感荷悚息不知所裁

上荆公書

某頓首再拜特進大觀文相公執事近者經由屢獲請見存撫教誨恩意甚厚别来切計台候萬福某始欲買田金陵庶幾得陪杖屨老於鍾山之下既已不遂今来儀真又二十餘日日以求田為事然成否未可知也若幸而成扁舟往来見公不難也向屢言高郵進士秦觀太虚公亦粗知其人今得其詩文數十首拜呈詞格高下固已無逃於左右獨其行義飭脩

才敏過人有志於忠義者其請以身任之此外博綜史傳通曉佛書講集醫藥明練法律若此類未易一一數也才難之歎古今共之如觀等輩實不易得願公少借齒牙使增重於世其他無所望也秋氣日佳微疾想已失去伏冀順時候爲國自重

上韓樞密書

某頓首上樞密侍郎閣下某受知門下似稍異於尋常人蓋嘗深言不諱矣明公不以爲過其在錢塘時亦嘗以書見及語意親甚自爾不復通問者七年於茲矣頃聞明公入西府門前書生爲作賀啓數百言

軾輒裂去曰明公豈少此哉要當有輔於左右者昔侯霸為司徒其故人嚴子陵以書遺之曰君房足下位至台鼎甚善懷仁輔義天下悅阿諛順旨要領絶世以子陵為狂以軾觀之非狂也方是時光武以布衣取天下功成志滿有輕人臣之心躬親吏事所以待三公者甚薄霸為司徒奉法循職而已故子陵有以感發之今　陛下之聖不止光武而明公之賢亦遠過侯霸某雖不用然有位於朝未若子陵之獨善也其得盡言於左右良不為過今者貪功僥倖之臣勸上用兵於西北使斯言無有則天下之幸孰大於

此不幸有之大臣所宜必争也古今兵不可用明者計之詳矣明公亦必然之軾不敢復言獨有一事以為臣子之忠孝莫大於愛君愛君之深者飲食必祝之曰使吾君子孫多長有天下此豈非臣子之願歟古之人君好用兵者多矣出而無功與有功而君不賢者皆不足道也其賢而有功者莫若漢武帝唐太宗武帝建元元年蚩尤旗見其長亘天後遂命將出師略取河南地建置朔方其春戾太子生自是之後師行蓋十餘年兵所誅夷屠滅死者不可勝數巫蠱事起京師流血僵尸數萬太子父子皆敗故班固以

為太子生長於兵兵與之終始唐太宗既平海內破滅突厥高昌吐谷渾等且猶未厭親駕征遼東當時大臣房魏輩皆力爭不從使無辜之民身膏草野於萬里之外其後太子承乾齊王祐吳王恪皆繼相誅死其餘遭武氏之禍殘殺殆盡武帝好古崇儒求賢如不及號稱世宗太宗克己求治幾致刑措而其子孫遭罹如此豈為善之報也哉由此言之好兵始禍者既足以為後嗣之累則凡忍耻含垢以全人命其為子孫之福審矣某既無狀竊謂人主宜聞此言而明公宜言此此言一聞豈惟朝廷無疆之福將明公子

孫實世享其報某懷此欲陳久矣恐未信而諫則以為謗不勝區區之忠故移致之明公雖以此獲罪不愧不悔皇天后土宜聞此言

上呂相公書

某昨日面論邢夔事愚意本謂邢鼻是平人邢夔妄意其為盜殺之若用犯時不知勿論法深恐今後欲殺人者皆因其疑似而殺但云我意汝是盜即免矣公言此自是謀殺若不勘出此情安用勘司某歸而念公言既心服矣然念近者西京奏秦課兒於大醉不省記中行殺南貴就縛至醒取衆證為定作可憫

奏已得旨貸命而門下別取旨斷死竊聞輿議亦恐貸之啓奸若殺人者得以醉免為害大矣某始者亦以為然固已書過録黄甫用公昨日之言思之若今後實醉不醒而殺其情可憫可以原貸若託醉而殺自是謀殺有勘司在邢夔犯時不知秦課兒醉不省記皆在可憫之科而邢夔臀杖編管秦課兒決殺似輕重相遠情有未安人命至重若公以為然文字尚在尚書省可追改也

上吕僕射論浙西災傷書

某近上章論浙西淫雨颶風之災伏蒙恩旨使與監

司諸人議所以為来歳之備者謹已條上二事某材術短淺禦災無策但知叫號朝廷乞寛減額米截賜上供言狂計拙死罪死罪然三吴風俗自古浮薄而錢塘為甚雖室宇華好被服粲然而家無宿舂之儲者蓋十室而九自經熈寧飢疫之災與新法聚斂之害平時富民殘破略盡家家有市易之欠人人有鹽酒之債田宅在官房廊傾倒商賈不行市井蕭然譬如衰羸久病之人平時僅自持支更遭風寒暑濕之變便自委頓仁人君子當與意外持護未可以壯夫常理期也今年錢塘賣常平米十八萬石得米即叩

頭誦佛云官家將八萬石米於烏鳶狐狸口中奪出
數十萬人此恩不可忘也夫以區區戰國公子尚知
焚券市義今以十八萬石米易錢九萬九千緡而能
活數十萬人此豈下策也𢧵竊惟仁聖在上輔以賢
哲一聞此言理無不行但恐世俗謟薄成風揣所樂
聞與所忌諱不以仁人君子期左右争言無災或言
有災而不甚積衆口之驗以惑聰明此某之所私憂
過慮也八月之末秀州數千人訴風災吏以為法有
訴水旱而無訴風拒閉不納老幼相騰踐死者十一人
方按其事由此言之吏不喜言災者蓋十人而九不

可不察也某既條上二事且以關白漕憲兩司而官吏皆来見某曰此固當今之至計也然恐朝廷疑公為漕司地柰何某曰吾為數十萬人性命言也豈恤此小小悔吝哉去年秋冬諸郡閉糴商賈不行某既劾奏通之又舉行災傷法約束本路不得收五穀力勝錢三郡米大至施及浙東而漕司官吏緣此愠怒幾不見容文符往来僚吏恐悚以某之私意其不為漕司地也審矣力勝之免去歲已有成法然今歲未敢舉行者實恐再忤漕司怨咎愈深此則某之疲懦畏人不免小有回屈之罪也伏望明公一言檢舉成

法自朝廷行下使五穀流通公私皆濟上以明君相
之恩下以安孤危之迹不勝幸甚去歳朝旨免力勝
錢止於四月浙中無麥須七月初乃見新穀故自五
月以来米價復增某亦曾奏乞展限至六月終不報
今者若蒙施行則乞以六月為限去歳恩旨寛減上
供額米三分之一而户部必欲得見錢浙中遂有錢
荒之憂某奏乞以此錢和買銀絹上供三請而後可
今者若蒙施行即乞一時行下某竊度事勢若不且
用愚計来歳恐有流殍盜賊之憂或以其狂淺過計
事難施用即乞别除一小郡仍選才術有餘可以坐

消災沴者使任一路之責幸甚幸甚干冒台重伏深
戰悚不宣

上執政乞度牒賑濟及因修廨宇書

去年浙中冬雷發洪太湖水溢春又積雨蘇湖常秀
皆水民就高田秧稻以待水退及五六月稍稍分種
十不及四五分而又繼之以旱以故早晚皆傷高下
並損自元豐以来民之艱食未有如今歲者也某已
三奏其事至今未報蓋人微言輕理自當爾然亦恐
監司諸郡不盡以實奏而廟堂所訪問往来之人或
揣所樂聞不盡以實告故朝廷以某言為過耳不然

豈有仁聖在上羣賢並用而肯恬不為意乎入冬以
来緣諸郡閉糴而稅務用例違條收五穀力勝錢故
米價長至八九十衢睦等州至百餘錢皆㠯錢炎炎
可畏某用印板出榜千餘道止絶此兩事自半月来
米穀流通價亦稍平然浙中無麥青黃之交當在来
秋而熟不熟又未可知民懲熙寧流殍之禍上户有
米者皆靳惜而不肯出其勢非大出官米不能救此
患自正月至七月中本州裹外九縣日糶官米千五
百石乃可以平價救飢計當用米三十一萬五千石
今本州常平除兊克軍粮外止有十七萬石漕司許

於鄰郡運致三萬石尚少一十一萬五千石計窮理迫
須至控告某近以本州廨宇弊壞奏乞度牒二百道
脩完未蒙開允欲以此度牒募人於諸縣納米度可
得二萬五千石然後減價糶賣每斗六十度可得錢
萬五千貫且以此錢完廨宇雖不及元計料錢數且
修完緊要處亦粗可足用則是此度牒一出而兩利
也伏望相公深念本州廨宇弊壞已甚不可不脩及
今完葺所費尚少後日大壞其費必倍又因以募人
納米出糶救飢設使不因修完廨宇朝廷以飢民之
故特出聖恩乞與二百道度牒猶不爲過而況救飢

脩屋兩用而並濟乎某愚惷少慮仰恃廟堂諸公仁
賢卹民必不忍拒此請意此度牒可以必得以此不
候回降指揮輒以一面告諭商旅令儲峙米斛具水
陸脚乘以須度牒之至深望果斷不疑於一兩日內
降付急遞日與吏民延頸跂踵雖大旱望雲執熱思
濯未喻其急也若不蒙哀察則是使某失信商旅坐
視流殍其為慚惶狼狽未易遽言至時朝廷雖加誅
殛何補於事兼某近者奏為本路轉運司今年合起
年額米斛百六十萬乞特許且起一半或三分之二
其餘候豐熟日隨年額起發未蒙恩許今年漕司窘

迫實倍常歲異時預買紬絹錢常於歲前散絶今尚
關太半刻剥之急蓋不遺餘力矣若非朝廷少加矜
察則督迫之急害必及民近蒙朝旨許輟上供二十
萬石出糶此大惠也然更望朝廷輟留三十萬石若
無米可糶只乞以此錢收買銀絹上供雖無補於飢
而散幣在民少觧錢荒之患亦上策也此外只有勸
誘富民出穀助官賑貸及用常平錢米募民工役二
事然皆難行勸誘之利未及貧民而誅求之禍先及
上户浙中富民欠官錢者十人而九決無可勸誘之
理至於募民工役亦非實惠若散募飢貧不堪工役

鳥獸聚散得錢便走熙寧中嘗行此事名爲召募其
實不免於等第上差科官支錢米盡入役夫而本户
又須帖錢雇人凶年人户重有此擾此虛名無實利
少害多惟有多粜官米一事簡而易行米價既低民
無貧富均享其利惟望相公留意則一路幸甚某拙
於言語不能盡寫憂危之狀以曉左右惟有發書之
日西向再拜叩頭默禱庶幾區區丹誠可以感動萬
一也

與章子厚書

某頓首再拜子厚參政諫議執事去歲吳興謂當再

獲接奉不意倉卒就逮遂以至今即日不審台候何
似某自得罪以來不敢復與人事雖骨肉至親未肯
有一字往來忽蒙賜書存問甚厚憂愛深切感嘆不
可言也恭聞拜命與議大政士無賢不肖所共慶快
然某始見公長安則語相識云子厚奇偉絕世自是
一代異人至於功名將相乃其餘事方是時應某者
皆憮然今日不獨為足下喜朝之得人亦自喜其言
之不妄也某所以得罪其過惡未易以一二數也平
時惟子厚與子由極口見戒反覆甚苦而某強狠自
用不以為然及在囹圄中追悔無路謂必死矣不意

聖主寬大復遣視息人間若不改者某真非人也来
書所云若痛自追悔往咎清時終不以一眚見廢此
乃有才之人朝廷所惜如某正復洗濯瑕垢刻磨朽
鈍亦當安所施用但深自感悔一日百省庶幾天地
之仁不念舊惡使保首領以從先大夫於九原足矣
某昔年粗亦受知於聖主使少循理安分豈有今日
追思所犯真無義理與病狂之人蹈河入海者無異
方其病作不自覺知亦窮命所迫似有物使及至狂
定之日但有慚耳而公乃疑其再犯豈有此理哉然
異時相識但過相稱譽以成吾過一旦有患難無復

有相哀者惟子厚平居遺我以藥石及困急又有以收恤之真與世俗異矣黃州僻陋多雨氣象昏昏也魚稻薪炭頗賤甚與窮者相宜然某平生未嘗作活計子厚所知之俸入所得隨手輒盡而子由有七女債負山積賤累皆在渠處未知何日到此見寓僧舍布衣蔬食隨僧一飡差為簡便以此畏其到也窮達得喪粗了其理但廩祿相絕恐年載間遂有飢寒之憂不能不少念然俗所謂水到渠成至時亦必自有處置安能預為之愁煞乎初到一見太守自餘杜門不出閉居未免看書惟佛經以遣日不復近筆硯矣

會見無期臨紙悁然冀千萬以時爲國自重

答劉巨濟書

某啓人来辱書累幅承起居無恙審比来憂患相仍情懷牢落此誠難堪然君在侍下加以少年美才當深計遠慮不應戚戚徇無已之悲賢兄文格奇拔誠如所云不幸早世其不朽當以累足下見其手書舊文不覺出涕詩及新文愛玩不已都下相知惟司馬君實劉貢父當以示之恨僕聲勢低弱不能力爲發揚然足下豈待人者哉與吳秀才書論佛大善近時士人多學談理空性以追世好然不足深取時以此

取之不得不爾耳僕老拙百無堪向在科場時不得已作應用文不幸為人傳寫深可羞愧以此得虛名天下近世進人以名平居雖孔孟無異一經試用鮮不為笑以此益羞為文自一二年来絶不復為今足下不察猶以所羞者譽之過矣舍弟差入貢院更月餘方出家孟侯雖不得解却用往年衣服不赴南省得免解其兄安國亦然勤國亦捷州解皆在此因風時惠問以慰飢渴何時會合臨紙悵然惟強飯自重

與孫運句書

某啓脾能母養餘臟故養生家謂之黃婆司馬子微

著天隱子獨教人存黃氣入泥丸能致長生太倉公言安穀過期不安穀不及期以此知脾胃完固百疾不生近見江南老人年七十二狀貌氣力如四五十人問其所得初無異術但云平生習不飲湯水耳常人日飲數升吾日減一合今但沾唇而已脾胃惡濕飲少胃強氣盛液行自然不濕雖冒暑遠行亦不念水此可謂至言不繁閩曼叔比得腫疾皆以利水藥去之中年以後一利一衰豈可數乎當及今無病時力養胃氣若土能制水病何由生陳彥升云少時得此病服商陸防己之類皆不效金液丹灸臍下乃愈

此亦固胃助陽之意也但火力外物不如江南老人之術耳薑橘辣藥例能張肺多爲腫媒不可服有書以告之爲佳也

與王庠書

某啓某遠蒙差人致問安否輔以藥物眷意甚厚自二月廿五日至七月十三日凡三百三餘日乃至水陸蓋萬餘里矣罪戾遠黜既爲親友憂又使此兩人者跋涉萬里比其還家幾盡此歲此君愛我之過而重其罪也但喜比來侍奉多暇起居佳勝某罪大責薄居此固宜無足言者瘴癘之邦僵仆者相屬於前然

亦皆有以取之非寒煖失宜則飢飽過度苟不犯此
者亦未遽病也若大期至固不可逃又非南北之故
矣以此居之泰然不煩深念前後所示著述文字皆
有古作者風力大略能道意所欲言者孔子曰辭達
而已矣辭至於能達止矣不可以有加矣經說一篇
誠哉是言也西漢以來以文設科而文始衰自賈誼
司馬遷其文已不逮先秦古書況其下者文章猶爾
況所謂道德者乎所論周勃則恐不然平勃未甞一
日忘漢陸賈為之謀至矣彼視祿產猶几上肉但將
相和調則大計自定若如君言先事經營則呂后覺

悟誅兩人而漢亡矣某少時好議論古人既老涉世更變往往悔其言之過故樂以此告君也儒者之病多空文而少實用賈誼陸贄之學殆不傳於世老病且死獨欲以此教子弟豈意姻親中乃有王郎乎三復来既喜抃不已應舉者志於得而已今程試文字千人一律考官亦厭之未必得也如君自信不回必不為時所棄也又况得失有命決不可移乎勉守所學以卒遠業相見無期萬萬自重而已不宣某再拜

又二首

某啓二卒遠来承手書兩幅問勞教誨憂愛備盡仍

審侍奉多暇起居萬福感愧深矣某罪責至重上不
忍誅止竄嶺海感恩念咎之外不知其他来書開說
過當非親朋相愛保全之道悚息悚息寄示高文新
詩詞氣比舊益見奇偉粲然如珠貝溢目非獨鄉閭
世不乏人爲喜又幸弥材異産近出姻戚數日讀不
釋手每執以告人曰此吾家王郎之文也老朽廢學
久矣近日尤不近筆硯見少時所作文如隔世事他
人文也足下猶欲使議論其間是顧千里於伏櫪也
某少時本欲逃竄山林父兄不許迫以婚宦故汨没
至今南遷以来便自處置生事蕭然無一物大略似

行脚僧也近日又苦痔疾呻吟幾百日緣此斷葷血鹽酪日食淡麪一斤而已非獨以愈疾實務自枯槁以求寂滅之樂耳初欲獨赴貶所兒女輩涕泣求行故與幼子過一人來餘分寓許下浙中散就衣食既不在目前便與之相忘如本無有也足下過相愛乃遺萬里相問無狀自取既爲親友憂及又使此兩人者蒙犯瘴霧崎嶇往來吾罪大矣寄遺藥物并方皆此中無有茍尤奇味得日食以禦瘴也某惟舊患痔今頗發作外無他故不煩深念會晤無期惟萬萬以時保練

某啓前後所寄高文無不達者每見增歎伏但恨老拙無以少荅来貺又流落海隅不能少助聲名於當時然格力自天要自有公論雖欲不顯揚不可得也程夫子尚困場屋王賢良屈於州縣皆造物有不可曉者海隅風土甚惡亦有佳山水而無佳寺院無士人無醫無藥杜門食淡不飲酒亦粗有味也目昏倦作書又此信發書極多不能盡察之

荅陳季常書

某啓惠兵還辱得季常手書累幅審知近日尊候安勝擇括等三鳳毛皆安為學日益喜慰無量某罪大

責薄聖恩不貲知幸念咎之外了無絲髮掛心置之
不足復道也自當塗聞命便遣骨復還陽羡獨與幼
子過及老雲并二老婢共吾過嶺到惠將半年風土
食物不惡吏民相待甚厚孔子云雖蠻貊之邦行矣
豈欺我哉自數年来頗知内外丹要處冒昧厚禄負
荷重寄決無成理自失官後便覺三山跬步雲漢咫
尺此未易遽言也所以云云者欲季常安心家居勿
輕出入老劣不煩過慮決須幅巾草履相從於林下
也亦莫遣人来彼此鬢鬚如戟莫作兒女態也在定
日作松醪賦一首今寫寄擇等庶以發後生妙思着

鞭一躍當撞破烟樓也長子邁作吏頗有父風二子作詩騷殊勝咄咄皆有跨竈之興想季常讀此捧腹絕倒也今日遊白水佛跡山山上布水三十仞雷輥電散未易名狀大略如項羽破章邯時也自山中歸来燈下裁荅信筆而書紙盡乃已託郡中作皮筒送去想黃人見某書必不沉墜也子由在筠極安處此者與某無異也書云老軀極健度去死遠在讀之三復喜可知也吾儕但斷却少年時無狀一事誠是然他未及子由見人說顏狀如四十歲人信此事不辜負人也不宣某再拜

與吴秀水書

某啓遠辱專人惠教具審比来起居佳勝感慰之至某與子野先生遊幾二十年矣始以李六丈待制師中之言知其為人李公人豪也於世少所屈服獨與子野書云白雲在天引領何及而子野一見僕便論出世間法以長生不死為餘事以煉氣服藥為土苴耳僕雖未能行然喜誦其言嘗論養生一篇為子野出也近者南遷至真揚間見子野無一語及得喪休戚事獨謂僕曰邯鄲之夢猶足以破妄而歸真子今目見而身履之亦可以少悟矣夫南方雖號為瘴

癘地然死生有命初不由南北也且許過我而歸自
到此日夜望之忽得来教乃知子野尚在北不遠當
来赴約也長書稱道過實讀之赧然所論孟楊韓諸
子皆有理辭氣翛然又以喜子野之有佳子弟也然
昆仲以子野之故雖未識面懸相喜者則附遞一書
足矣何至使人蹔足遠来又致酒麪海物荔子等僕
豈以口腹之故千里勞人哉感愧厚意無以為喻過
廣州買得檀香數斤定居之後杜門燒香閉目清坐
深念五十九年之非耳今分一半非以為往復之禮
但欲知僕汎掃身心澡瀹神氣兀然灰槁之大略也

有書與子野更䇿其南歸相過少留為僕印可其所已得而訶策其所未至也此外萬萬自重目昏不謹

某頓首

與謝民師推官書

某啓近奉違亟辱問訊具審起居佳勝感慰深矣某受性剛簡學迂材下坐廢累年不敢復齒縉紳自還海北見平生親舊惘然如隔世人況與左右無一日之雅而敢求交乎數賜見臨傾盖如故幸甚過望不可言也所示書教及詩賦雜文觀之熟矣大略如行雲流水初無定質但常行於所當行常止於不可不

止文理自然恣態橫生孔子曰言之不文行之不遠
又曰辭達而已矣夫言止於達意疑若不文是大不
然求物之妙如繫風捕影能使是物了然於心者蓋
千萬人而不一遇也而况能使了然於口與手者乎
是之謂辭達辭至於能達則文不可勝用矣揚雄好
為艱深之詞以文淺易之說若正言之則人人知之
矣此正所謂雕蟲篆刻者其太玄法言皆是類也而
獨悔於賦何哉終身雕蟲而獨變其音節便謂之經
可乎屈原作離騷經蓋風雅之再變者雖與日月爭
光可也可以其似賦而謂之雕蟲乎使賈誼見孔子

升堂有餘矣而乃以賦鄙之至與司馬相如同科雄之陋如此比者甚衆可與知者道難與俗人言也因論文偶及之耳歐陽文忠公言文章如精金美玉市有定價非人所能以口舌定貴賤也紛紛多言豈能有益於左右愧悚不已所須惠力法雨堂字某本不善作大字強作終不佳又舟中局迫難寫未能如教然某方過臨江當往游焉或僧有所欲記録當作數句留院中慰左右念親之意今日已至峽山寺少留即去愈遠惟萬萬以時自愛不宣

與孫知損運使書 作帥

文安北城如涉無人之境其漸可虞廟堂已留意兵
久驕惰自合警策之數年乃見効惟極邊弓箭社射
生極得力虜所畏憚公必舊知之矣以數勾集一月
村堡幾虛公私惴惴北賊亦多相時生心社人亦苦
勾集勞費此出入守望與虜長技同親戚墳墓所在
以優異勸奬之已條上其事更月餘可發此事行之
人自為戰不憂其不閑習也宜與永免冬教又當有
邉臣無赫赫之功然經久實事無如此者覘者多云
可汗老疾欲傳雛雛為人猜忌好兵邉人盡知之此
豈可不留意顧公痛為一言心之精意所不能言上

書豈能盡也虜涵浸德澤久矣其勢亦未遽渝盟但恐雛兒鷙忍其下必有不忠貪功好利之人謀之必先使北賊小小盜邊託為不知若不折其萌芽狃於小利張而不已必開邊隙備禦之策惟安養弓箭社及稍加優異使當淬礪以待小寇策無良於此者矣所條上數事亦甚穩帖不至張皇惟乞免人户折變所費不多及立關名目獎社人頭首又乞復回易收息時遣機宜僚屬賫少錢糧就地頭賞其髙強者耳

與王定國書

罪大責輕得此已幸未甞戚戚但知識數人緣我得

罪而定國為已所累尤深流落荒服親愛隔絶每念
至此覺心肺間便有湯火芒刺今得来教既不見棄
絶而能以道自遣無絲髪芥蔕然後知公真可人而
不肖他日猶得以衰顔白髪厠賔客之末也揚州有
侍其太保官於煙瘴地十餘年比歸面紅潤無一點
瘴氣只是用磨脚心法此法定國自知之更請加功
不廢每日飲少酒調食令胃氣壯健安道軟朱砂膏
某在湖親服數兩甚覺有益利可久服子由昨来陳
相别面色殊清潤目光烱然夜中行氣臍腹間隆隆
如雷聲其所行持亦吾輩所常論者但此君有志節

能力行耳粉白黛綠者俱是火宅中狐狸射干之流
願公以道眼照破此外又有事須少儉嗇勿輕用錢
物一是遠地恐萬一闕乏不繼一是災難中用貶惡
消厄致福之一端也又遞中領手教知到官無恙自
處泰然頓慰懸想知攝二千石風聲震於殊俗一段
奇事也某近頗知養生亦自覺薄有所得見者皆言
道貌與往日殊別更相闊數年索我閬風之上矣無
晝得寒林墨竹已入神矣行草尤工只是詩筆殊退
也不知何故昨所寄臨江軍書久已收得二書反覆
議論及處憂患者甚詳既以解憂又以洗我昏蒙所

得不少也然所得非苟知之亦允蹈之者頎公常誦
此語也杜子美困厄中一飲一食未嘗忘君詩人以
来一人而已今見定國每有書皆有感恩念咎之語
甚得詩人之本意僕雖不肖亦當髣髴於庶幾也近
有人惠大丹砂少許光彩甚奇固不敢服然其人教
以養火觀其變化聊以悅神度日賔去桂不甚遠朱
砂差易致或為置數兩因寄及稍難即罷非急用也
窮荒之中恐有一奇事但以冷眼陰求之大抵道士
非金丹不能羽化而丹材多在南荒故葛稚川求峋
嶁令竟化於廉州不可不留意也陳璨一月前直往

筠州看子由亦粗傳要妙云非久當此來此人不唯有道術其與人有情義久要不忘如此亦自可重道術多方難得其要然某觀之唯能靜心閉目以漸習之似覺有功幸信此語使氣流行體中痒痛安能近人也邇來江淮間酷暑殆非人所堪況於嶺外唯道德清曠必有以解煩釋悶者入秋來翛然清遠計尊候安勝公學術日益如川之方增幸更着鞭多讀史書仍手自抄為妙造次造次某自謫居以來可了得易傳九卷論語五卷今又下手作書傳迂拙之學聊以娛老且以為子孫藏耳子由亦了得詩傳又成春

秋集傳閱知之為一笑耳辱惠書并新詩妙曲大慰所懷河凍膠舟咫尺千里意思牢落可知得此佳作終日喜快滯悶冰釋幸甚幸甚近在常置得一小庄子歲可得百石似可足食非不知揚州之美窮猿投林不暇擇木也

與李方叔書

某頓首方叔先輩足下屢獲來教因循不一裁荅悚息不已比日履茲秋暑起居佳勝録示子駿行狀及數詩辭意整暇有加於前得之極喜慰累書見責以不相薦引讀之甚愧然其説不可不盡君子之知人

務相勉於道不務相引於利也足下之文過人處不少如李氏墓表及子駿行狀之類筆勢翩翩有可以追古作者之道至若前所示兵鑑則讀之終篇莫知所謂意者足下未甚有得於中而張其外者不然則老病昏惑不識其趣也以此私意猶冀足下積學不倦落其華而成其實深願足下為禮義君子不願足下豐於才而廉於德也若進退之際不甚慎靜則於定命不能有毫髮增益而於道德有丘山之損矣古之君子貴賤相因先後相援固多矣某非敢廢此道平生相知心所謂賢者則於稠人中譽之或因其言

以考其實實至則名隨之名不可掩其自為世用理勢固然非力致也陳履常居都下逾年未嘗一至貴人之門章子厚欲一見終不可得中丞傅欽之侍郎孫莘老薦之某亦掛名其間會朝廷多知履常者故得一官某孤立言輕未嘗獨薦人也爵祿砥世人主所專宰相猶不敢必而欲責於某可乎東漢處士私相謚非古也殆以丘明為素臣當得罪於孔門矣孟生貞曜盖亦蹈襲流弊不足法而況近相名字乎甚不願足下此等也某於足下非愛之深期之遠定不及此猶能察其意否近秦少游有書來亦論足下近

文益奇明主求人如不及豈有終汩沒之理足下但
以道自守當不求自至若不深自重恐喪失所有言
切而盡臨紙悚息未即會見千萬保愛近夜眼昏不
一不一某頓首

上知府王龍圖書

執事自軒車之來曾未期月蜀之士大夫舉欣欣然
相慶以為近之所無有下至閭巷小民雖不足以識
知君子之用心亦能懽欣踊躍轉相告語諠譁紛紜
洋溢布出而不可掩雖户給之粟帛而人賜之爵其
喜樂不如是之甚也伏惟明公何術以致此哉軾也

安足以議雖然請得以僣言之蓋明公之於蜀人所以深結其心而納之安居無事以養生送死者有所甚易而亦有所至難夫海濵之人輕游於江河何則其所見者大也昔先魏公宰天下十有八年聞其言語而被其教誨者皆足以為賢人而况於公乎度其視區區之一方不啻戶庭之小且公為定州內以養民殖財而外震威武以待不臣之胡為之三年而四方稱之况於實非有難辨之事是以公至之日不勞而自成也此其所以為易者一也自近歲以來蜀人不知有勤卹之如擢筋割骨以奉其上而不免於刑

罰有田者不敢望以爲飽有財者不敢望以爲富惴惴焉恐死之無所然皆聞見所熟以爲當然不知天下復有仁人君子也自公始至釋其重荷而出之於陷穽之中方其困急時簞瓢之饋愈於千金是故莫不懽忻鼓舞之至此其所以爲易者二也雖然亦有所至難何者國家蓄兵以衛民而賦民以養兵此二者不可以有所厚薄也然而薄於養兵者其患近而易除厚於賦民者其憂遠而難救故夫庚子之小變起於兵離而甲午之大亂出於民怨由此觀之固有本末也而爲政者徒知畏其易除之近患而不知畏

其難救之遠憂而有志於民者則或因以生事非當
世大賢孰能使之兩存而皆濟此其所以為難者一
也蜀人之為怯自昔而然矣民有抑鬱至此而不能
以告者且天下未嘗無貪暴之吏惟幸其上之明而
可以訴是以猶有所恃今民怯而不敢訴其訴者又
不見省幸而獲省者指目以為凶民陰中其禍嗟夫
明天子在上方伯連帥之職執民之權而不能為之
地哉夫惟天下之賢者則民望之深而責之備若夫
庸人誰復求之自頃數公其來也莫不有譽其去也
莫不有毀夫豈其民望之深言之備而所以塞之者

未至耶今之飢者待公而食寒者待公而衣凡民之失其所者待公而安傾耳聳聽顒聞盛德日新而不替此其所以爲難者二也伏惟明公以高世之才何施而不可惟無忽其所以爲易而深思其所難者而稍加意焉將天下被其澤而何蜀之足云其負罪居喪不當輙至貴人之門妄有所稱述誠不勝惓惓之心敢以告諸左右舊所爲文十五篇政事之餘憑几一笑亦或有可觀耳

與葉進叔書

進叔足下僕狷介寡合之人也足下望其貌而壯其

氣聆其語而知其心握手見情素交論古今歡然若
將與之忘年焉僕不自知何為而得此於足下也前
日南歸草草不能道一辭到家秋氣已高窓户蕭然
思與足下談笑之樂恍乎若相從於夢中既覺而不
知盱於虛榻也行日嘗辱贈言意勤辭直讀之使人
惻惻動心足下之所以知僕心者至矣所以責善於
朋友者亦至矣而又凡所以為至之中有所不至者
僕得以盡之焉僕聞有自知之明者乃所以知人有
自達之聰者乃所以達物自知矣可以無疑矣而徇
人則疑於人自達矣可以無蔽矣而徇物則蔽於物

今足下自知自達而無可疑可蔽矣豈僕所以得人
與物之説耶至以謂僕之交不能把臂服膺以示無
間凡此者非疑非蔽也乃僕所以爲狷介寡合者足
下顧不亮乎夫捘規於矩雖公輸不能使之合何則
方圓者殊也雜宫以羽雖師曠不能使之一何則緩急
者異也對辯以訥遇剛以柔雖君子不能以無争何
則所性所操之不同也足下聰明過人無世事不通
獨不知物理之有參差者乎昔張籍貽韓愈之書責
愈以商論文字不能下氣夫以退之而未免矯其下
者乎雖然亦思而改之耳恐足下未審此聊復以書

答范景山書

自離東武不復拜書曠息之罪宜獲譴於左右矣兩
辱手教存撫愈厚感愧不可言即日起居佳勝知局
事勞冗殊甚景山雖去軒冕避津要所欲聞耳而不
可得乃知吾道艱難之際仁人君子捨衆人所棄猶
不可得然憂喜勞逸無非命者由辨此身與之浮沉
則亦安往而不適也其始到彭城幸甚無事而河水
一至遂有為魚之憂近日雖已減耗而來歲之患方
未可知法令周密公私匱乏舉動尤難直俟逐去耳
久不聞餘論頑鄙無所鐫發恐遂汩沒於流俗矣子

由在南都亦多苦事近詩一軸拜呈冗迫無佳意思但堪供笑耳近齊居内觀於生術似有所得子由尤為造人景山有異書秘訣倘可見教乎餘非面莫盡惟乞萬萬自重

答參寥書

去歲倉卒離湖亦以不一別太虛參寥為恨留語於僧官不識能道否到黄已半年朋遊常少思念公不去心懶且無便故不奉書遠承差人致問殷勤累幅所以開諭獎勉者至矣僕罪大責輕謫居以來杜門念舊而已雖平生親識亦斷往還理固宜爾而釋老

數公反復千里致問情義之厚有加於平日以此知道德高風果在世外也見寄數詩及近編得一詳味洒然如接清顔聽軟語也比已焚筆硯斷作詩故無緣屬和然時復一開以慰孤寂幸甚筆力愈老健清熟過於向之所見此於至道殊不相妨何為廢之耶更與磨揉以追配彭澤未間自愛

答李康年書

向承寵訪教語甚厚因循未及裁謝復枉專使辱書累幅意愈勤重且獲所著通言二篇及新詩碑刻廢學之人徒知愛其文之工妙而不能究極其意之所

至欽味反復不能釋手幸甚幸甚比日起居何如竊想著書講道馳騁百氏而游於藝學有以自娛忘其窮約也通言略獲披味所發明者多矣謹且借留得為究觀他書豈敢輙留他日別為小字寫草書見惠不必心経乃大賜也要跋尾謾寫數字不稱妙筆

荅舒堯文書

某啓午睡昏昏使者及門授教及詩振衣起觀頓爾醒快若清風之来得當之也大抵詞律莊重敘事精緻要非嚣浮之作昔先零侵漢西疆而趙充國請行吐谷渾不貢于唐而文皇臨朝歎息思起李靖為將

乃知老將自不同也晉師一勝城濮則屹然而覇雖齊陳大國莫不服焉今日魯直之於詩是已公自於彼乞盟可也柰何欲為兩屬之國則犧牲玉帛焉得而給諸不敢當即承來命少資嗢噱

苔陸道士書

某啓别來歲月乃爾許也涉世不已再罹憂患但知自哂爾感君不遺手書殷勤如此且審道體安休喜慰之極惠州凡百不惡杜門養痾所念君棄家求道二十餘年不見異人當得異書見許今春相訪果然能踐言何喜如之舊過廬山見蜀道士馬希言似有

所知今為何在曾與與之言否黃君高人與世相忘者
如某與舍弟何足以致若得一見子由闘錯其所未
至則京可以受賜頓因足下致懇當可得否韓朴主
事多從傅同年遊近傅得漢東漕幙遂帶得來此否
因見亦道意羅浮有一鄧道士名守安專靜有守皆
世外良友世世外之道金丹為上儀隣次之服食草木
次之胎息三生為本殆無出此者嵇中散云守之以
一養之以和和理日濟同乎大順然後承以靈芝潤
以醴泉晞以朝陽綏以五絃不用其他舉以中散為
師矣適飲桂酒一杯醺然徑醉作書奉荅真不勒字

數矣桂酒乃仙方也釀桂而成盎然玉色非人間物也足下端爲此酒一來有何不可但恐足下拘戒錄不飲道家少飲和神非破戒也餘惟善慶

荅孫志康書

自春末聞計悲愕不已自惟不肖得交於父子間有年矣即日奉疏少通哀誠不獨海上無便又聞志康從西路迎護莫知往還的耗故因循至今遂辱專使手書累幅愧荷深矣竊承已畢大事營辦勤苦何以堪任即日孝履支持預慰所望誌文實録讀之感噎自聞變故即欲撰哀詞以表契義萬一不知爵里之

詳今復覩此文旦夕當下筆然不須傳出雖志康亦
不以相示藏之家笥須不肖啓手足日乃出之也自
惟無狀百無所益於故舊惟文字庶幾不與草木同
腐故決意爲之然決不敢相示也志康必識此意千
萬勿來索看也師是此人甚奇斯人亦可人也哉某
謫居已逾年諸況粗遣禍福苦樂念念千逝無足留
胸中者又自省罪戾久積理應如此實甘受之今者
北歸無日因遂自謂惠人漸作久居計正使終焉亦
何所不可志康聞此言可以不深念哉珖瑁藥合見
遺乃吾介夫遺意謹炷香拜受志康所惠布蜜藥果

等一擇須感作無量海上窮陋又請居負病乃無
少物報謝甚負無量見戒勿與人詩文謹佩至言如
見報出都日所關甚實不可不知勿以告人也含弟
錫州甚要時得書紀姪輩或在陳或在許下兩兒子
在宜興甚覺幼子過在慈明年長子邁當挈他一房
來此指射差遣因般過房下來見愛之深恐要知其
詳示諭開歲來此相聚雖為厚幸然窘乏中唯欲觀
故謝絕為孤露可憐者則孤老猶可以粗安若忘康
人所指目者而乃不遠千里相求此重增其罪戾也
千萬覆之切告切告李大伯雖前輩不相交往然然

其人欲作集引亦終不傳出也承諭世膺可為聚其
前後文集異日示及當與志康商議少加删定乃傳
世也斯人既無後吾輩當與留意李文叔書已領諸
兒子為學頗長進自宜興寄詩文来甚可觀此等辱
雅遊最舊故輒以奉聞然不敢令拜狀無益徒煩報
荅也會見無期千萬節哀自重

東坡續集卷第十一